引 子

是成功辜负了你，
还是你辜负了成功

在过去整整三千年的时间里，中国的"成功市场"无非在向人们叫卖两种成功理念：一是以技能、人脉、厚黑为代表的功利方向的；一种则是以《活法》为代表的价值观方向的。前者教人急功近利，拿之即用。但现实情况是复杂的，生活是多变的，读者根本搞不清楚什么情况下该套用哪套方法，最终无非乎两种可能：一是将辛辛苦苦学来的"心法"永远地烂在肚子中，成为其精神领域中一个"华丽的摆设品"；二是胡乱搬套，结果往往是搬起石头砸自己的脚。

后一种成功理念则是教人踏踏实实，获得幸福。其实，《活法》的大热不仅是基于其作者稻盛和夫羡煞旁人的成就，更是因为他踏实、认真的成功价值观，淡定、扎实的心态，让人们紧张的心找到了另一个归宿。但是现代社会发展之迅速，竞争之激烈，还没等你踏实下来，你的价值观则可能早被社会发展的大潮所淹没，而你则会成为社会规则改革的牺牲品，何来幸福可言？

那么，在现代社会中，成功是否就是瞎猫碰到死耗子？没有切实可行的方法去实现吗？没有切实有效的规律可依吗？当然有！

但是，你要记住：真正切实有用的方法是来源于现实，并能真正有效地用来指导现实的！它不是教你不顾实际地单纯去修炼各种手段、技能和方法，更不单单是向你叫嚣精神胜利法则，让你从内在掌控自己。而是会从现实出发，并结合你的个性特征，从内到外去改变自己，让你能够快速、永久地立足于成功者的行列之中！

我们细观现代都市奋斗人群都有着共同的病症，那就是：疲于奔命、彷徨无助、累、浮躁、失眠，心中没有定心丸；行走于少数成功者的行列之间，我们也曾发现类似这样问题：

有些人工作能力超强，你会觉得其超出常人负荷而难以效仿；

有些人折腾永不停步，你会因其太过忙碌而觉得其离真正的幸福甚远；

有的人一夜成名，但你会因其一脸的单纯而为他的前途而担忧……

如果成功不是能让你的人生变得更好，那它也就失去了被追逐的意义。

从每一个不成功或者成功不彻底者的脸上，我们都能够读出一个面相：奸诈、铁面、奔波、贪婪、狠、城府、痛苦、麻木、单纯……而与之相反，从那些有大成就，大成功者的脸上，我们也能读出另一个面相：好接触、脾气小、在压力面前重若轻、身处乱象而头脑清醒、信心十足让人相信总有一天他会成功、拥有信念就算失败和平凡也很幸福、把事情做到最好让人产生信赖……是的，这就是成功相——成功者应该拥有的面相。这种面相不是天生的，而是其自身的独特精神力量、处事风格、行为方式经过岁月沉淀后在面相上的真实流露！

为什么有些人你一眼看上去就觉得他是个成功人士？

为什么有些人你只看面相就知道他将来一定会有大作为？

为什么你还未来得及和对方说话，就觉得对方一定能把事情做好？

为什么有些人你只稍做交流，就会不自觉地对其产生信赖感？

……

对，没错！这就是"成功相"的神秘力量！有人可能会迫不及待地问："成功相"究竟是一种什么样的面相？这个问题确实让人有些困惑！也正如我们在生活中反思自己为什么不能成功一样，很难找到最根本最彻底的解释。但是，成功相是确实存在于每一个成功者身上的一种神秘的吸引力，也是一种魔力，也可以是某种具备神秘能量的魔咒，使得人们的目光总是被拥有"成功相"的人所吸引！无论你是好人还是坏人，都能不自觉地感受到这种面相所散发出来的强大力量！

成功相是成功者人生顺风顺水的命运保护神，使所有的人都不自觉地甘愿跑过来信赖他、帮助他，助他在成功的道路上越走越远！

　　这是我们的观点，也是这个世界上所有成功人士身上所普遍存在的一种面相：它们拥有一种独特的力量，这也是他们获得成功的重要法宝。它对他们很重要，比整天揣在口袋里的印制精美的名片还重要。

　　也许我们说不出它究竟是什么，但是，只要你与那些政治圈、财经圈或者娱乐圈处于金字塔顶尖的人物交往后，就会很明显地感觉得到。

　　从娱乐笑星周星驰到武术大师李小龙，从经营之圣稻盛和夫到政界精英周恩来，从世界级成功大师卡耐基到商界精英李开复，他们都有一种独特的"成功相"，而正是成功相让他们能够在自己所在的领域内翻云覆雨，叱咤风云。那我们如何才能拥有自己的"成功相"？并如何才能运用成功相获得幸福、快乐、健康、爱情以及改变命运？

　　这正是我们所要挖掘和阐述的问题！

目 录
Contents

目 录
Contents

目 录
Contents

第一章

看看成功的模样

◎ 做自己的国王

◎ 不计代价瞎折腾

◎ 拿回上帝欠你的

◎ 食物链上的植物人

◎ 做梦都想照亮现实

◎ 为了赢，你不需要赌

现在，我们来想这样一个问题：什么是成功？

成功就是达成自己所设定的目标，或者实现自己有价值的理想，得到自己想要的结果！

成功就是一种感觉，它是每个人达到自己理想之后一种自信的状态和一种满足的感觉！

成功就是高高在上，会受万人瞩目，他们的成就被众人所羡慕和追捧！

成功就是在内心有一个崇高的理想——为了改变或满足多数人的命运而努力，最终征服全世界，并以多数人的欣赏、追捧而快乐和兴奋的一种感觉！

……

不同的人有不同的理解！无论我们头脑中有多少虚无缥缈的关于成功的定义，但现在我们要从现实出发，用事实来论述观点并最终让其去指导现实！

纵观世界各个领域各种层次的"成功人士"，其所谓的成功不外乎三种：

一种是自己的眼里的成功，只按照自己的目标或价值去努力，最终只能在自己狭窄的精神圈子里获得快乐和满足！

再者所谓的成功只是别人眼里的成功。这种人也许做出了他人所不及的成就，或许受万人瞩目，或许家财万贯，也受人所羡慕和追捧，但是，他们自己内心却未必幸福和快乐。

最后一种是一种大成功，是所有人眼里的成功。这种人的内心是强大的，他们不仅认为自己是最好的，还要让全世界知道他是最好的。他越好，就越受人追捧和欣赏，越受人欣赏，他就会越兴奋，就越能激发出自身的潜能，就越能够取得大成就，就越成功。

有人可能会问，对成功的理解能够影响自己获得成功吗？当然！你现实中最终所取得的成功就是你头脑中所理解的成功！现在可以仔细想一下，你的成功属于哪一种成功呢？你心中向往的成功是哪一种呢？

关键性的一刻到了！你现在内心所呈现出来的真实想法或渴望，就有可能是决定你一生命运的主要力量！也就是说，你的命运会从这两个问题的回答中悄悄地发行改变了！

因为，三种成功造就三种不同的面相，三种不同的面相就造就三种不同的命运！而你能取得哪一种成功，关键就在于你对成功的理解！

相由心生，你内心所想就可以在面相上呈现出来！也就是说，从现在开始，你的面相就在发生着变化，你可能感觉不到，但是它确实开始悄悄地从内心对你的命运进行改变了！是的，它没有气味，你嗅不到它！它更没有颜色，你也看不到摸不到它，但是它确实已经开始慢慢地改变你的命运了！

你是三种成功中的哪一种呢？这些成功又能为你带来什么样的命运呢？

这正是本章所要回答你的问题！

做自己的国王

我们先来看一个故事：

亚历山大巡游某地，遇见正躺着晒太阳的第欧根尼。

这位世界之王上前自我介绍："我是大帝亚历山大。"

哲学家依然躺着，也自报家门："我是狗儿第欧根尼。"

大帝肃然起敬，问："我有什么可以为先生效劳的吗？"

哲学家的回答是："有的，就是——不要挡住我的阳光。"

据说亚历山大事后感叹道："如果我不是亚历山大，我就愿意做第欧根尼。"

第欧根尼是古希腊哲学家，作为人类最高智慧的探索者，这种行为我们是可以理解的。

如果你属于或者赞成这一种成功，那么，你面相上所呈现出来无外乎几个字：知足、自恋。

怎么讲？

如果你是一个放荡不羁的人，你是不是就认为自己一辈子能够自由就是成功？

如果你是一个愤世嫉俗的人，你是不是就认为自己一辈子能够坚持自己的信念就是成功？

如果你是一个有理想的人，你是不是就认为一辈子能够守住自己的理想就是成功？

如果你是一个教师，你是不是认为自己一辈子安安分分教书育人，能够桃李满天下就是成功？

如果你是一个公司职员，你是不是认为自己一辈子能实现"五子登科"

（妻子、房子、车子、孩子、票子）就是成功？

如果你是一个哲学家，是不是认为一辈子追求真理就是成功？

……

总之，只要是你自己认准的，认为是有价值的，是自己毕生所追求的梦想，并通过自己的努力最终实现了，就是成功！

你的目标不在于大，只要通过努力实现自认为的个人价值，那就是成功，并会为此而兴奋和快乐！为此，我们可以总结出你的成功模式就是：自我定义成功——按照自己的看法去努力奋斗——自我沉浸在成功的满足和喜悦中！

果真是这样的吧！

正因为你的目标具有量身定做的性质，而且通过自己的努力不太难以实现，所以，只要取得一点成绩，你便会兴奋得手舞足蹈，所以，你的脸上首先会呈现出"满足"二字！

再者，你的梦想不一定能得到他人的认可，你可能也无须得到他人的认可，只认定那就是自己想要的，就是自己毕生要为之努力的，并会为此付诸行动！所以，你的脸上也必定会呈现出"自恋"二字！

当然，这里的"满足"和"自恋"并非带有贬义，而是说，有这种想法的人能够活出真实的自己，能够自得其乐！

其实，成功本身并没有优劣之分，而只是有"适合与否"的区别！

比如雷锋，他一生并没有宏伟大志，也不想去当什么大人物，去干大事，更不会去想通过自己的努力或奋斗去改变世界上更多人的命运。他认为成功就是去帮助别人，在现实的操作过程中，他会尽己所能去帮助别人，见到周围朋友有困难，就马上付诸行动去帮忙。其结果就是在帮助别人的过程中获得了无比的快乐！这就是他一生所获得的成功！

当然，按照世俗的标准，他肯定不是成功人士，但是在他自己心里，却觉得自己就是成功的！

再比如像海瑞那样的倔老头，他心里的成功就是：一辈子不贪赃，一辈子不枉法，一辈子为民伸冤，一辈子与恶人作对就是成功，不管别人怎么想。在实际的操作中，他也会按照自己的理念来，结果会因为自己清明一世而欣慰不已！

这种成功也许不被人认可，但是却是他们个人的一种追求，甚至是一种偏执和固守。这种成功很是自我，对于成功者自己来说已经足够，他们不会在意外在人的看法，更不需得到他人的认可、肯定或赞扬！

谁能否认这也是一种成功呢？甚至还会羡慕。因为他们活得真实，活得是最真实的自己。

我们且不说，这样的成功是否是我们所提倡的！但是，我们要知道一点，那就是：一个人的眼界能够决定一个人人生成就的大小。一个人面带"满足"、"自恋"的表情时，那么就能意味着，这个人的眼界是有限的，其人生格局也一定要定格在"自立、自奋、自喜"的自我精神领域中了！

最后只讲一点，算是对沉浸在自我成功中的人的一个忠告。古今中外无数次的事实都验证了这样一个观点：一个胸无大志，面相带有"满足"和"自恋"的人，注定这辈子也基本做不出什么大成就的了；而一个希望有所成就，希望他人肯定自己，希望受他人追捧的人，则有很大的几率在某一天做出大事业！当然，这就是我们下一节所要讲的另一种成功。

你是不是听着越来越奇妙了，可事实确实如此！这不是命运的安排，如果你相信占卜或者宿命，让算命师来为你排忧解难、指点迷津，那就错误了，是你找错了方向。这一切都是由内心所显示出的面相决定的，所有的奥妙都源自你的身体中，它决定着你的人生坐标！

当然，如果你认为那种成功会让你活着很累，认为成功的真谛就是纯粹地从理想实现的那一刻中获得快乐、幸福和满足，那么，你能够沉浸在其中，也未必不是人生一件美事！因为，至少你有理想，有追求过，也有为你所认为的成功而欣喜和满足过，纵然这种美好的感觉是短暂的，甚至你还有可能因理想无法实现，而感受不到它，但对于你而言，人生也算是有意义的了！

不计代价瞎折腾

如果你赞成这种成功或者本身就是这种成功者中的一员，那么，你的你的脸上呈现出的面相无外乎以下几种：无奈、郁闷、疲惫、迷茫、空虚、孤独、龌龊甚至是痛苦！

难道不是吗？

如果你是赞成或崇尚这类成功的一个普通人，那么你是否会羡慕或崇拜那些富豪、官员、明星、甚至是官二代、富二代和星二代，觉得他们总是高高在上，受万人瞩目？

如果让你回到古代的宫廷中，你是否会认为高高在上的皇帝是最让人羡慕的？

如果你是富豪，家财万贯，能力超强为多数人所不及，受人追捧、受人羡慕，但是否会觉得自己其实并不比那些普通百姓过得舒服、开心、惬意和幸福？

如果你是官二代、富二代或者是星二代，每天衣食无忧，住豪宅，开好车，穿名牌，但你是否会因为自己整天无所事事而空虚、难过、迷茫甚至痛苦？

如果你是一个明星，是否会觉得自己只是他人操纵的工具，终日为了虚浮的名利用尽心机，终其一生都沦为名利的奴隶？

如果你是一个官员，有令他人羡慕的至高无上的权利，但是否会是因为别人眼中的成功而勾心斗角、貌合神离、尔虞我诈、假仁假义而深感疲惫，最终才发现得到的根本就不是自己想要的？

如果你是一个企业家，有花不完的钞票，玩不完的花样，是否会因为取得别人眼中的成功而铤而走险，最终落得一败涂地的下场？

……

总之，这些人在他人眼中看起来很成功、很风光、很令人羡慕，但终的下场却不是很好，要么感受不到快乐、开心、幸福，要么过着纸醉金迷的生活，要么沦为名利的奴隶，要么一败涂地！总之，会让你真切地感受到一个字，那就是——累，不是体力上的累，而是心累！相由心生，由"心累"而折射在脸上的面相那就是无奈、郁闷、疲惫、迷茫、空虚、孤独、醒醌甚至是痛苦！

为什么会走上这条道路呢？

因为这些人都活在别人的世界中，活在别人的眼光中。为了出人头地，为了能让别人多高看自己一眼而活着。因为别人都认为那就是成功，都向往那种成功，他们当然要朝着那个方向努力呀，甚至还要不择手段，用尽心机，代价又算得了什么？至少他们在别人眼中是牛逼的！宁可高处不胜寒，也不低处不胜惨，无论怎么说，这一生至少没少折腾，至少没窝窝囊囊地活着！

这究竟算不算是一种成功呢？当然算！

人都是要面子的，也是喜欢攀比的，尤其在工作或成就上最喜欢攀比，不管那是不是自己想要的，这是现实大多数人的生活状态！

比如，能进入外企是万千大学毕业生的梦想。为什么？因为大家都认为外企公司很好，可是究竟好在哪里呢？能在高档的写字楼里工作，出差能住比较好的酒店，有出国旅游或者深造的机会……尽管这一切也许自己根本不知道意味着什么，但是只要大家觉得好，只要能招来万千人羡慕的眼光，那我就要削尖了脑袋往里钻！哪怕费尽心机造假学历，开假证明……进入了外企，尽管薪水福利一般，尽管晋升机会比较少，尽管经常加班，尽管没有自主权，尽得活得很辛苦，但对于一个刚毕业的大学生，谁能说这不是一种成功？

比如秦时的赵高，一心梦想当皇帝。为什么要当皇帝？拥有至高无上的权力，能有享受不尽的荣华富贵，不必再看他人的脸色……尽管他在做皇帝面前的大红人时已经拥有这些，不能说至高无上，至少也算是一人之下，万人之上，但是他还不满足，因为做皇帝会受全天下的人所追捧，所羡慕，所以，他可谓用尽手段，合谋李斯篡改诏书，立始皇幼子胡亥为帝，并逼死始皇长子扶苏。秦二世即位后他又设计陷害李斯，后又派人杀死秦二世……尽管恶事做尽，最终被秦王子婴所杀害，落得个遗臭万年的悲惨下场！但是至少其没有少折腾，至少享受人间荣华，谁能说他不成功？

在现实生活中，也有很多此类的活生生的事例！

有一位心理学博士，他也经历过一段不堪回首的经历。他在一所中国著名的心理学研究中心工作了三天，他每天做的工作就是用各种工具虐待白鼠或者鸽子、猴子等动物，然后回去写动物心理报告。这个职位是他费尽心机经过层层选拔从几十位高智商的博士那里争取来的，而他的职位也让周围的家人和朋友们羡慕万分，都认为他是一个"成功人士"！

然而，这对他来说，却是一段可怕的噩梦一般的时光，他每天都感到痛苦万分。他知道，自己苦苦读了几十年的书，整天做着那些令人作呕的事情。他曾经不至一次对自己说："这不是我想要的，我要尽快地逃出去！"，这种想法每天都在他脑海中盘旋、壮大，他甚至感觉自己都要死了！如果不能够摆脱这些不快，自己肯定活不了几年。

有一次，周围的朋友看到他，惊讶地问他是不是生病了，因为他的面相上全都写满了无奈、郁闷、疲惫、迷茫、空虚、孤独和痛苦！尽管如此，他仍然迟迟做不了决定，迈不动脚步离开那里！如果他辞去那份工作，所有人都会认为他是傻子或者是白痴，他只是活在别人所谓的成功里！

对！这种成功就是以这样的面相呈现出来的！

现实中又有多少人处于那样的状态之中呢？明明是令人苦闷的工作，一大堆违背心意的事情，却做起来没完没了。他们的理理已经被现实所绑架了，事情在推着他们往前走，决定权从他们手中脱逃了！那些繁琐而无意义的烦恼是他们那些内心真正想要的吗？不，绝对不是！可是他们就像是染上了麻木的病毒一样，在相当长的一段时间，甚至一生都在重复这种"华而不实"的人生程序！这也就像有人所说的，这种成功就像是在看A片，看的人觉得很爽，做的人却未必。

　　人总是想成功？可是，自己究竟要做一个什么样的成功者？你觉得那应该是成功的，是因为你不了解，还是因为别人说那就是成功？即便对别人来说那是一种成功，但是它是你真正想要的么？

　　自己想要什么，只有自己内心最清楚！我们且不说这种成功是好是坏，但是可以肯定的是，你成功的动力与他人的羡慕或追捧密不可分！你可能因为觉得当明星能名利双收，能受万千人所追捧，才萌生了要当明星的念头，然后费尽心机，经过不断努力，最终梦想成真，到头来尽管很不快乐，但是最终也受万千人所羡慕所注目！而那些爱追捧明星的人正是你成功的主要动力！你也可能会因为毕业做公务员是大家都梦寐以求的，而萌生了去考公务员的想法，到头来却发现不是那回事……从心理学来说，当一个人在社会的力量下去实现自身社会价值的时候，就可以爆发出一种力量，这股力量会驱使你要向他们证明，你能够成功，你可以做出个样子给他们看。可以说，你的成功是被别人逼出来的！

　　可想而知，一个长期生活在逼迫的环境中的人，他将会呈现出什么样的面相？一个人的面相，取决于他的状态！一个内心喜悦的人，他们脸上乃至周身都布满了欢喜的能量；一个自卑而无所事事的人，我们在他脸上可以看到死神的颜色！他不仅在摧毁他自己，也在摧毁任何一个走近他的人！事实就是如此！一个被他人逼上成功道路的人，我们从他脸上读出的是无奈、郁闷、疲惫、迷茫、空虚、孤独、龌龊甚至是痛苦，这对他自己和其他人都是一种巨大的危险，尽管他也是成功的！

拿回上帝欠你的

如果你赞成这是一种成功或者本身就属于这种成功中的一员,那么,你的你的脸上也能呈现出这样的面相:自信、和善、坚毅、智慧、从容、扎实、魄力、开创、冷静等等,总之是所有与成功有关的正面的积极的因素!

这是真的吗?

如果你是赞成这种成功的一名普通人,你是否佩服并希望自己将来能成为像李嘉诚、李小龙、张艺谋、比尔·盖茨、稻盛和夫等那样的人?如果你有机会与这些人谈话,是否能感受到这些人身上所散发出来的一种的说不清也道不明的神秘的力量,而这种力量正是与成功有关系的!

如果你是一个成功的商人,你是否会不把利益看成是第一位,而把改变大多数人的命运或者以满足大多数人的需求为己任。成功以后,你是否会很开心,并会因为开心而越努力,最终达到更大的成功?

如果你是一个明星,是否是将追求至真至善至美的艺术作为毕生的追求,并会为此而不断努力,而不是为了受人追捧,为了所谓的虚名浮利。功能名就以后,你是否会变得开心无比,越开心,你也就会越成功?

如果你是一个官员,你是否会以满腔的热血以改变当下不良的风气而努力,是否会为了百姓的利益为利益,而不是利用手中的权力不择手段去为自己谋福利?

如果你是一个有追求的普通的青年,你的内心是否会经常涌动着一股为改变自身命运或改变现实世界的巨大力量,而在现实中,你是否会将所有的行动都付诸于心中所向的那个方向而不断地努力。你每向前迈进一步,是否就会感到开心无比,是否会因为开心而越发努力?

……

　　总之，你会用你的正面、积极的努力征服你崇高的理想，会用个人魅力征服全世界。你时常会告诉自己：我就是最好的，而且我也要让全世界知道我是最好的，我越好，就会越受人欣赏，就越能做出大的成就，也就越兴奋！也就是说，这种成功不仅能够成就自己，也能成就一番功业。我就是成功，成功就是我，二者合一，不分彼此，不但干着自己想干的事，还要干出来样子来，而且还可以成为人们正面积极的好榜样！因为内心时常涌动着崇高的理想，所以，心胸宽阔，眼界高远，很少会去他人计较利益得失，那脸上自然就呈现出自信、和善、坚毅、智慧、从容、扎实、魄力、开创、冷静等与成功有关的正面的积极的面相！

　　好吧！为了更准确地知道自己是否属于或将来是否能成为这类成功者中的一名，那么，你是否问过自己这样的问题：如果明天我将要离开这个世界，今天我最想做哪一件事情？如果问过，你的选择是什么？

　　1.与父母、爱人或妻子、孩子呆在一起，尽情享受亲情的温暖。

　　2.给周围的所有朋友以及这个世界写一封信，上面写满了你曾经的梦想。

　　3.就在今天，抛开一切羁绊，去做一件自己想做的任何的疯狂的事情。

　　如果你内心在召唤第3个选择，那么，恭喜你！你在将来的某一天，你或许也会成为像乔布斯、李嘉诚那样不同凡响的人。同样，你的面相上呈现出的也会是自信、和善、坚毅、智慧、从容、扎实、魄力、开创、冷静等等所有与成功有关的积极因素！当然，一个小小的测试只能说明你有这方面的潜质，还不能明确为你的未来下定论。

　　要知道，这是一种大成功。要想成为这样的人，内心首先要有一个崇高的理想——为了世界上多数人的利益而满足和开心，也就是将个人理想与社会理想统一化，使自己成为众人理想的主宰者或者实现者。比如比尔·盖茨，他的理想就是想让全世界每个人的桌上有一台个人电脑，而大众也有这样的理想，那就是希望自己的桌子上将来有一台属于自己的个人电脑。你的理想要实现，必须要靠比尔·盖茨去实现！这种成功者不会像第一种成功者那样固守在自我狭小的空间中，不会因为完成自我满足而满足，而是会以多数人满足为满足。也不会像第二种成功者那样纯粹地为了博得他人的赞赏或追捧去违心地改变自我！

另外，内心对理想狂热的渴望的坚强的毅力也是必不可少的！其实，对任何成功来说，最重要的就是是否能够将理想的花朵变为现实的果实，只开花不结果的理想，只能说是空想或是"白日梦"，我们讲的三种成功，都要求成功者对理想要保持足够的热情和渴望，同样也要具备坚强的毅力，只是前两种的没有后者强烈罢了！

最后，第三种成功者也会因为满足了大众而倍感快乐和兴奋。他们不会像第一种成功者那样，只顾及个人内心的快乐，而不用考虑或在乎其他人的感受！也不会像第二种成功者那样，只顾及他人的追捧和看法而不顾及自身的感受！对于比尔·盖茨来说，只有让世界上所有人的桌上有我的电脑，我就会感到满足和快乐！

现实生活中，拥有这三种因素的成功人士不胜枚举！

比如曾国藩，很早就以"有民胞物与之量，有内圣外王之业"即有为大众谋求幸福的胸襟，有在内精通学养，对外振兴国家，开创伟业的壮志。他很自信地表示："言大儒生终醒醒，万一雏卵变蛟龙。"决心按照儒家"修身、齐家、治国、平天下"的正统士大夫的基本人生信条，实现其"匡世救国"的远大抱负，为此，他一生都苦心经营，磨炼心智，约束自己，什么事情该做，什么事情不该做，都清清楚楚，从来没有胡乱作过一件事，活得成熟明白，最终因为实现了理想，而使世人所钦佩，而自己也活得有价值，有意义！

比如乔布斯，他的玩具"苹果"的领袖地位已迅速延伸到现代生活的各个方面，勇于创新的改革策略只为服务到每一个新时代的人。于是，在他彪悍的人生旅程中，总以狠字当头，他掌控着很多人的欲望，又倾听每个人的声音，他豪放不羁又坚定执着。从17岁时，就每天问自己："如果今天是我生命的最后一天，我想要做什么？"这种直面人生终极价值的思考，一直到他死前的最后一天。惟其如此，他才成了独一无二、改变了世界的人。

　　总之，对于这类的成功者而言，一个人最大的价值，主要来源于他在某一方面获得的空间乃至时代的存在感、对别人的影响力以及他对自己人生的掌控力和在此中体现出来的让人无法抵挡的魅力，包括工作、办公室、职场、家庭、人际关系圈以及在某一个具体的人、具体事物面前的吸引力。

　　而强大的外部面相，正是一个人的存在感和吸引力之所在，他身上有着无与伦比的神秘光环！不可否认的事实是：那些能够站在时代边缘呼风唤雨的优秀的人都具备这种天然的面相，而你却只距它们一步之遥！

　　要知道，一个人的社会价值首先体现在他如何看待自己。当他自卑、自闭、自我、自满、自足时，他只会呈现在自我狭小的圈子中，会对社会毫无贡献，或者只能默默无闻；当他无奈、郁闷、疲惫、迷茫、空虚、孤独、醒龊时，注定会不同凡响、痛苦不堪或者一败涂地、痛苦不堪！而只有自信并愿意向多数人展现自己自信的人，才拥有向外辐射的强大的磁场，然后呈现出自信、和善、坚毅、智慧、从容、扎实、魄力、开创、冷静等等的面相。他们的这种面相会影响周围的环境，形成一种独特的具备强大感染力的辐射场，从而轻易地征服别人，征服全世界！

　　也许，你正在羡慕身边那些创新教父、趋势大师、梦想战士等级别的人物或者是交际明星、职场红人，他们活跃极了，春风得意，诸多人都追捧他们为成功之父，将他们的传记拿来做成功教材，上司欣赏他，客户喜欢他，同事佩服他，在朋友当中他如同众星捧月，呼风唤雨，要什么有什么，无论做任何事情都能够轻而易举地成功，无论说什么话就有人对他顶礼膜拜，就像上帝欠他的一样，而你除了崇拜、眼红或者嫉妒，或许没有别的什么感受！

　　但是，你知道吗？你也可以的！但是要改变自己，就要先改变你脸上的面相，要改变你脸上的面相，首先要从内部改变自己，因为那些成功者脸上所谓的"成功相"并不是与生俱来的，而是内心力量在面相上的呈现！

　　你的本能可能马上会回答："不，我怎么可以呢？你看他那么自信，那么有能力，简直无所不能！我如此地渺小，什么也做不了，怎么从内部改变自己呢？"

要知道，改变是从一点一滴开始的！如果你一辈子都那样想，不让自信、和善、坚毅、智慧、从容、扎实、魄力、开创、冷静等等积极因素进入你的内心，那你这一生只可能会生活在羡慕和自卑相互纠结的情绪之中，你的脸上也会永远呈现出败相来，这会让你走霉运，或者会让你失败的！好事也总会绕着你走，坏事却总会往你身上跑，想干什么都会让你无一例外地在失败的墙上撞得头破血流。而那些脸上写满自信、坚毅、和善等等的人则恰恰相反，他们会占尽便宜，会收到所有人羡慕、尊敬乃至崇拜的眼光，会红得发紫，火得发烫，会收获人生至高无上的幸福、快乐和满足！

这种成功是意料中的事情，成功者在面对最终的成功时，不会兴奋得冲昏头脑。因为他成功后得到的，就和上帝欠他的一样多！

食物链上的植物人

"默默无闻"是一种比较中性的说法，其实说白了，就是你在打量一个人的时候，会一眼就看出他跟所谓的"成功"根本不沾边，或者根本就不靠谱。一句话，他们完全不是为成功而生的。

我们先从这个世界的不公平说起。我相信，"上帝是公平的，它给予每一个人的都一样"这句话，不是每个人都能说出口的。我们只能说上帝在给每一个人不公平的待遇时，它都会同时给你一件用来掩饰这种不公平的东西。

我们说有些人完全不是为成功而生的，这句话首先就是说"成功"对他们来说根本没有任何意义。为什么说没有意义呢？就像"造福全人类"、"征服全世界"这些东西对你来说没有任何意义一样。因为是根本不能设想的。

这个世界有些地方是没有办法用语言来形容的，所以我们称这种地方为"鬼地方"。这种地方跟世界的主流信息产生严重的断裂，被时代落得很远很远。落后程度还在其次，更可怕的是其严重的封闭程度，最可怕的是改变这种落后和封闭所面临的难度。所以生在这种地方你不"认命"又能怎么样？跟成功"不沾边"也就无可奈何了。

你的世界有多大，野心才有多大。

相对于被封闭在客观世界里犯人来说，有些人封闭在自己的意识里。

在自然界存在食物链，草被羊吃，羊被狼吃。草之所以是草，是因为它只能是草，它不能通过努力由草变为吃草的动物，它注定只能进化不能改变角色。而在人类社会这种可以变换角色的游戏场地，很多人不幸地禁锢在了"基因"的层面上。

他们认为自己就是"草"，就是"羊"，而且只能是"草"，只能是"羊"。

这完全依赖于他们的生存技能。

草不会叫，不会跑，所以没有动态功能的人被称为"植物人"，一个人成了植物人是很悲惨的，但一个社会意义上的"植物人"，你会觉得他悲惨吗？

所谓社会意义上的"植物人"，就是说，对这个社会没感觉。从来不会去要求什么，也不会去别人身上获得什么，更不会去试图改变什么。他们一生的特征就是：原地画圈，保持原状！

他们有一种"过一天是一天"、"靠天吃饭"的感觉，如果世界不改变，他们绝没有改变的可能。

羊会叫，会跑，但没有锋利的爪牙，没有跟其他种类厮杀的资本。我们把这种人称为"弱者"。他们人生的特点就是：疲于奔命，危险林立！

在社会的食物链上，草可以变成吃草的羊，羊也可以变成吃羊的狼。他们的突破点就在"开口"和"开荤"。

"开口"为什么那么难？因为好养活，因为没有"开化"。

"开荤"为什么那么难？因为一见血就晕，一见荤就呕吐。

没办法，这是基因的力量。

这种角色定位是长期得不到一种反差的刺激，慢慢固化并最终变成了事实。

你经常接触什么，你就会接受什么。

同样，对于街上的小混混，你跟他讲人活着应该有所作为，有用吗？

对于一个懒得要死的人，你跟他讲"不吃苦中苦，难为人上人"，有意义吗？

对于一个意志薄弱的人，你跟他讲有钱有势，有意义吗？

这是"对牛弹琴"。所以，成功对一个人来说没有意义，是最大的悲哀。

不学无术，一身恶习，好吃懒做，不干正事，这样的人已经废了；

胆小如鼠，手比较笨，拿不起放不下，这是扶不起来的烂泥；

不思进取，在不堪的生活里适应不堪，这叫自甘卑贱；

没有追求，在虚无里对一切无动于心，破罐子破摔，这叫麻木；

……

我们追求成功的压力不来自这种人。

下面来说一说我们追求成功的压力来自哪里。

对，你首先想到的一定是：追求成功的人太多了，而且跟自己产生竞争的人太多了。

其次你可能会想到：成功的压力是自己并不比别人强多少。

问问自己，面对竞争，你想的是"别人是人，我也是人，我不会比他们差，怕什么呢？"还是"我是人，别人也是人，他们不会比我差多少，这怎么办呢？"

显然，前一种人的压力来自别人的强大，后一种人的压力来自自己的弱小。前者最大的希望就是比他强的人都死光，后者最大的希望让自己弱的地方都见鬼。

在竞争的行列里，那些不为成功而生的人，是为别人成功而生的。

其次，他们是为失败而生的。

成功不是你没有被饿死，不比别人差或者别的什么诸如此类最基本的要求，它是比这些东西更高一层的期待。它是比一般人活得更像一个人。

一是基因问题。

他不像一般人一样，在底层的社会里感觉到诸如。。。的痛苦，从而有一种改变生活状态的愿望和需要，而是完美地适应了别人眼里这种不堪的生活。反而好像是为这种生活而生的。

这种强大的固化的作用力无论来自内部还是外界，其结果都是改变这种基因的难度大大超过适应这种基因的难度。

第一种，社会边缘人士。

第二种，社会的最底层。

第三种，错位。

第四种，百无一用。

注定默默无闻的普通人也就是说，这个世界上注定不会有他的声音，因为他根本就不想有所作为，不想人生的价值或意义，认准了这辈子做的事情也就只在一个固定的范围或限制内，是好是坏就是它了，不可能有突破的可能，除非这个世界能改变，反正他自己是不会主动寻求什么突破性的转变的。他们从来不考虑什么是成功，或者将成功规定或限制在一个十分狭隘的个人视野之中。

比如，对一个农民来说，他毕生的追求就是"一亩土地，二头牛，老婆、孩子、热炕头"，他不会去想人如何活才是真正有价值的，或者即便是想了，也只认为毕生只要种好自己的一亩土地，养好老婆、孩子就是有意义的。

对一个普通的都市奋斗者来说，虽然他也在努力，在奋斗，但是总是生活在迷茫或者困顿之中，无法理解什么是成功，更不知道怎样做才能取得成功，或者说认为只要过好当下的生活就是成功，一个月拿着顾得住温饱的工资，能够在职场中谋得一官半职就是成功。

总之，这就是世界上大多数人的生活状态，这种人缺乏对人生目标的考虑，对人生意义的思索或者只是用很局限的眼光去定义自己的人生，因此，这个世界中不会有他们的声音，他们也不能为世界做出什么大的贡献，只是单纯地固守在自我的生活圈子中，自满、自足、自恋。

其实，这种注定默默无闻，原地踏步，在自我的小圈子中过着自我满足的生活的人，缺乏成就大事的一种重要的素质，那就是眼界和野心！

一个有什么样的眼界，就会做出什么样的成就！思想有多远就能走多远，注定默默无闻者的眼界就是很少想到如何去成就一番大事或者去为世界改变什么，认为自己一辈子就应该是这样，不相信自己会有什么改变！

同是，他们还缺乏成就大事的野心。任何人都不能否认，野心是也是推动一个人成就大事业的动力，一个没有野心的人，就必定会目光短浅，安于现状，更会缺乏开拓意识！对于注定默默无闻者来说，他们经常会被告知，要翻身、改变命运的秘诀是"积德"，或者更高级一点，他们更多的则是在"好好学习，天天身上"、"吃得苦中苦，方为人上人"、"功到自然成"等等教诲中成长，这种教化在端正心态、稳定社会方向功不可没，但是在另一方面却在无形之种泯灭了他们本来就不多的野心。他们每天都固守在自我的小圈子中，如何做出一鸣惊人的大成就！

总起来说，除了缺乏眼界和思维，这些人还有以下的几个特点：

● 他们天生缺乏内在的自信，或者说他们的自信不是发自内心和自然天成的，通常要通过外在的装扮，比如一身高级名牌的穿戴或者豪华的配置，才能给他们带来更多的自信。因为缺乏自信，所以不敢轻易为自己的人生下什么大的定义，也不敢轻易去尝试什么，最终只能注定默默无闻了却一生！

●有充足的时间，他们的时间不值钱，有时甚至是多余，不知道如何去打发，不知道怎么混起来不烦。他可以因为买一斤萝卜多花了一分钱而气恼不已，却不会因为虚度一天而心痛，这就是他们的思维！

●自认为出身卑微或者平凡，但却缺乏安全感，就迫切地希望自己能够从属于或者能够依赖于一个团体。缺乏自主权与人生掌控权，他们会以这个团体的标准为自己的标准，让自己的一切合乎规范，为团体的利益而工作、奔波甚至是迁徙。从来不想着让集体从属或依附于自己，或者为集体做出哪些成绩！对于他们来说，在一个著名的企业中稳定的工作上几十年，有实习生一直干到高级主官，有自己的家庭，那简直就是美得不能再美的理想！

●其实，判断一个人能否干大事，首先要看他有没有激情。而注定默默无闻的人骨子中就缺乏做出一番大成就的激情。他们生活总是按部就班，很难出大错，也绝对不会做到最好，没有激情就无法兴奋，就不可能全心全意地投入工作。这样的人不能说没有激情，他们的激情总是要消耗在太过于具体的事情上面：上司表扬了，他会激动；今天加薪水了，他会激动；存折中的存款够付房子首付了，他会激动；会因为周末看了一场好看的电影而欢呼雀跃；商场打折了，他会兴奋；电视剧中的男女主人公破镜重圆了，他的眼泪就会一串串地往下流，或者可以说，他们拥有的只是一种情绪！

● 他们有一种"只管今天吃饱，不管明天死活"的生存习惯。比如说你送给他一头牛，他可能会满怀希望地开始奋斗。但是他又想，牛要吃草，人要吃饭，日子太难过。于是就把牛卖了，买了几头羊，吃了一只后，剩下来的用来生小羊，可小羊迟迟没生出来，日子就很艰难了！于是，就把羊卖了，买成了鸡，想让鸡生蛋赚钱为生，但是日子并没有多大的改变，最好把鸡也杀了，他的理想就彻底地崩溃了，这就是他们的生存习惯。

● 他们通常都有嫌贫爱富或者有仇富的心态。于是，他们骨子中充满了势力和嫉妒，有成就的人自然不大愿意与他们交朋友或者为伍，或者说他们也排斥与有成就的人交往，久而久之，他们只能与同他们一样的普通人交流，久而久之，目光就自然短浅，思维也禁锢在一定的范围内，做出来的事也就是周围那些混日子的模式。他们每天只谈论着打折商品，交流着节约技巧，虽然这有利于训练生存技能，但是他们的眼界也就渐渐地囿于这样的琐事，即便有雄心壮志也渐渐地被消磨掉了。

● 他们的经济观点是少用和节俭等于多赚，比如开一家个人店面，收益率是100%，投入2万，一年就净赚2万，对于他们来说就相当不错了，很容易满足！他们即便是有钱，也不舍得拿出来，即便终于下定决心决定投资，也不愿意冒风险，最终还是走不出那关键性的一步。他们最为津津乐道的就是鸡生蛋，蛋生鸡，一本万利，最好是无本也能够万利，永远不懂得天下没有免费的午餐……但是将理想寄希望于一只母鸡身上，终竟是极为脆弱的！

● 在家看电视，他们会为那些肥皂剧的剧情感动得痛哭流涕，还会模仿电视里的时尚来去武装自己。在商店购买名牌也是为了体验满足感，最喜欢试验那些刚刚出来的流行产品，比如爱好购买刚上市的新款手机、当下流行的名牌服饰、时前最时髦的新款游戏，他们始终相信贵的就必然是好的！

好了，现在知道一些人为什么注定要默默无闻了吧！他们缺乏的是大眼界、大野心，还有自信、成就一番大事业的习惯和心态，他们只是在自我的生活领域中打转转。因为他们不想着去征服世界，不想着去受众多人的追捧，所以，他们只能注定默默无闻！

另外，从心理学的角度讲，许多人之所以一辈子都默默无闻，并非因为他们不具备成功的能力和机遇，而是对成功的渴望不够强烈，甚至不敢成功或者害怕成功！许多人不相信自己能够成功，他们潜意识里总觉得自己当下的状态已经很好了，或者即便是想成功，也认为自己会失败，无法同那些大成功者相提并论，自满、自足、自卑在潜意识中深植，形成了难以改变的消极习惯，在面相上也直接表现为"败相"来，并直接摧毁他非常耀眼或者非常难能可贵的优势，进而直接影响他的命运！

当然，在这里我们并没有贬斥这种人，也许，在诸多人眼中，他们是默默无闻的，但是他们也能在自我领域中享受到快乐、幸福和满足，这未尝也不一定不是一种成功的人生。要知道，在很多时候，快乐不也是人生追求的终极目标吗？要知道，那些注定不同凡响的人其终极目标也是快乐和满足，只不过，其快乐是建立在世界大众的快乐之上的。在这里，我们主要想向大家说明，世界上哪些人注定是默默无闻的！

注定一生都默默无闻者的秘密：视野是永恒的"治穷"特效药，是所有奇迹萌发的根本点，是所有人探求成功的利器！默默无闻的人之所以缺乏大眼界、大野心、自信、成就一番大事业的习惯和心态，注定一辈子就只是穷人。他们只将自己固守在自我狭隘的圈子中，目光短浅，不能勇敢长期地做出挑战，人就会逐渐地染上知足和自恋的"慢性疾病"，在被环境改变了内心颜色之后，注定一辈子只能默默无闻！

当然，我们并不是在这里鼓吹大眼界、大野心、自信、成就一番大事业的习惯和心态对成就一番大事业的重要性，而是告诉大家，如果你缺乏这些，必将会一事无成，一辈子只能庸庸碌碌，就很难走入成功者的行列之中，或者说根本与"成功"二字沾不了边！因此，要想成为一个不同凡响的人，至少要先从扩大你的眼界和野心开始！哪怕学着改变一点点，就有可能拥有不同的命运和人生！

做梦都想照亮现实

有一种种人就是完全为成功而生的。

首先，他们是为非凡而生的。

其次，他们是为胜利而生的。

成功都是通过竞争产生的，越是大的胜利，其竞争的层面就会升级，一开始是比谁更勤奋，后来又在勤奋的基础上又比谁聪明，以此类推，不难理解，我们为什么把那些取得最高成功的人来解读成功。同时我们会把一个具备这些元素的人看作将来成功的。

与默默无闻者相反，世界上另一种人极端的人就是注定不同凡响的人。这个群体主要有三种人：一是生下来就是后面有个"二代"名号的人，老爸老妈是不同凡响的人，他们自然也会不同凡响。比如"富二代"，生下来就能上名校、穿名牌、开豪车、住豪宅，这一生注定要有大笔的财富等着他去继承，注定就不同凡响；"星二代"，生来就生活在聚光灯下，受人关注，受人追捧，这辈子注定要星光灿烂！还有"官二代"，天生就有一种优越感，教育、工作或创业一路绿灯，这辈子注定会不同凡响！这些人因为天生生活在一个好的环境中，是我们所羡慕的！他们固然有天生的优势，但是也需要后天的努力才行，否则，也很难不同凡响！

第二种是生下来就拥有不同寻常的天赋，就是我们常说的天才。比如朗朗，天生就是弹钢琴的天才，最终会凭借其独有的天赋不同凡响！比如赵丽蓉，天生就拥有表演的天赋，再稍稍努力就可以一举成名！这些人身上具有普通人身上所不具备的闪光点，只需稍微努力，将特长发挥到淋漓尽致，注定其一生都是不同凡响的！

第三种是指天生没有生长在优越的环境中，也没有独特的天赋，但是他却拥有一颗不安分的心，内心对成功有着强烈的渴望，也许在奋斗的过程中，他会失败，但是失败并不能击垮他，最终成就一番大的伟业，在现实生活中，这样的人不胜枚举。比如商界的马云、史玉柱、俞敏洪、乔布斯、比尔·盖茨、稻盛和夫等等，演艺界的李小龙、甄子丹、史泰龙等；政界的曾国藩、周恩来、奥巴马等……这些人都是大眼界、有野心的人，内心对成功有着强烈的渴望，纵然他们也经历过失败，或者曾经败得一塌糊涂，但是内心有崇高的信仰，或者有宏大的理想，就算有一口气，身上有一毛钱也要爬起来向前奋进，他们可能是"真命天子"，也可能是一群圣人、疯子、狂人甚至是带有病态的，也要在社会中扮演重要的角色，或者成为改变世界的不同凡响的人！

这三种人中的前二者很大程度上是凭借天时、地利而成为不同凡响的人物的，相对于很多人来说，他们成为不同凡响的人是生来就注定的，或者说，他们不需要付出多大的努力，只要有合适的机遇就可以一鸣惊人！而后一种则是凭借其自身的智慧和性格魅力所取得成功的。但是，他们都有一个共同点，那就是天生就深信自己不是平凡人，注定要做不同凡响的人，这也是他们血液里的东西，于是他们会利用自身的所有优势或特长使自己走向巨大的成功！

对于大部分的普通人来说，我们生来没有什么"二代"的头衔，更没有被上天垂怜，被赋予什么特殊的才能，如果后天再不付出努力，或者没有坚强不凡的性格特征，那么这一辈子就注定要默默无闻了！为此，在这里我们要重点探讨第三种人究竟有哪些特征可以使自己不同凡响呢？他们与那些默默无闻的人有何不同呢？

● 他们内心有崇高的使命感，或者说是伟大的理想。他们有阔大的眼界和雄心壮志，甘愿为了人类或社会的进步而努力，或者付出自己！比如释迦牟尼，他心怀拯救人类的崇高使命，哪怕自己历尽千辛万苦，也要普度众生，拯救人类！

● 他们内心有对成功的强烈渴望。而且他们内心的渴望不是微弱或者是冷淡的，而是强烈有力的。这份强烈的渴望，可以激发出他们身上所有的潜能，个人对成功的渴望越强烈，其就会越有更大的动力为你创造出成功，而这样的人也注定是不同凡响的！

内心强烈的渴望是解除任何成就障碍的第一步！一个人内心最强烈的渴望一旦释放出来，能爆发出巨大的能量，它会开动人身上的每一份潜能，每一个智慧细胞！这就是第二种成功者注定不同凡响的内部能量所在！

● 他们身体中有一种"燕雀安知鸿鹄之志？王侯将相，宁有种乎？"这样的激情，而这种激情也是他们生命力的象征，正因为有了激情才有了灵感的火花，才有了鲜明的个性，才有了人际关系的强烈感染力，也才有了解决问题的魄力和方法。

● 对他们来说，压力就是动力，他们在没钱时，无论有多困难，也不会随意动用投资和储蓄，在很多情况下，压力会使他找到赚钱的新方法，帮他们还清账单。这是个不错的习惯，性格决定了习惯，习惯又决定了他们不同凡响的命运！

● 拥有坚强的意志力，不轻易向命运低头或者认输。通常情况下，他们的"内在自我"非常强大，不会轻易被"消极的暗示"所占领和统治。在某种特定的因素的刺激之下，他们认为自己就是世界的改变者或者是拯救者，在任何艰难的情况下，他们都不会进行自我否定，遇事总是会动用全身的能量，积极地想办法解决，而不是自惭形秽和发牢骚抱怨，最终让自己走出困境！

● 他们天生拥有一种特有的自信，那就是在光景好时，决不会过分地乐观；在光景不好时，也不会过度地悲观。正因为拥有这种自信才不容易被外力所左右，自信才可能对自己的人生、未来和事业做出正确的决定！

● 他们总能够不断地反省自我。他们想成功，相信自己一定会成功，并且在潜意识中总觉得自己当下的状态不够好，还需要多去努力，不断地扩充自身的实力，研究成功的是手段，想方设法去探求成功的捷径……自信、自强、自立也在潜意识中根植，形成了成功的习惯，会让自身的优势发挥得淋漓尽致，因此注定会不同凡响！

这就是世界上为何有那么多不同凡响的人的原因，主要因为这些人内心拥有崇高的目标以及对这个目标强烈的渴望。从心理学的角度讲，一个人的如果能以强烈的渴望及目标去影响人及事件，就好像一切人事物的潜意识与我们的大渴望及目标是一致的，而且忙着帮助我们去实现它们！比如说，一个职员内心非常渴望自己有一天能当上领导，就连做梦也对此念念不忘，那么，他就可能会在事业上顺风顺水，好像"领导那个职位"本身也强烈希望被他所拥有，那么，一切阻碍他做领导的因素都有可能会让道，领导的位置也最终会被他内心强大的力量所吸引到他那儿去！这种力量，在每个人身上都会发挥作用！但令人遗憾的是，数百万的人都想不同凡响，但其中很少人有任何真正强烈，驱策的渴望。他们只满足于随波逐流，只满足于对小的事件的渴望，那么，这也能注定他们一生只能默默无闻或者毫不起眼！

■注定不同凡响的秘密：好的先生环境，幸运天使的垂青，上帝的眷顾，让他们生来都处于优越的环境中，所以一生都注定不同凡响。对于第三种人来说，他们拥有崇高的理想，拥有对理想强烈的渴望，他们血液中流淌着为改变世界所拥有的积极的心态，为此，他们注定会不同凡响！

也许没有人更适合比这些不同凡响的人向全世界推荐他们的理念与惊人的成就。首先，我们要感谢他们，他们的努力不仅在使自己走出迷茫和烦恼，也正是在帮助无数人摆脱自我迷失的普遍烦恼，也许你就是其中的一位！

之所以这样说，是因为他让我们每个人的人生获益匪浅。于是，我们不再盲目地追求那些华而实的成功术、虚荣的面子和功利的企图，而是专注于自我的价值、自信的力量以及最为真诚的人生态度！

最后，要告诫大家的是，人生需要一种大境界，就像脱缰野马和初生的牛犊一样的境界，而只有拥有这种精神的人才有可能让生命发挥出最灿烂的光辉，如果没有大见识，大理想，没有包容宇宙的雄心，那么一个人如何去谈理想，何谈成功呢，更别说要不同凡响了！

为了赢，你不需要赌

我们要生存，我们要养家，我们要在身处的这个社会维持一个人的形象，要在别人面前像一个人，而不仅仅是跟动物比起来像一个人。

世界上有三种人，除了注定一辈子固守在自我的圈子中默默无闻的人和一生都不同凡响，不断地向这个世界发出声音的人，那最后一种就是"成王败寇"型的。这也是当下大多数人的命运！

"成王败寇"其实描述的是一种"赢则全赢、输则全输"的社会形态，它符合野蛮世界"弱肉强食"的丛林法则。而当今正处于高速发展的社会也正是一个"弱肉强食"的丛林，所以，这就注定了大部分人都必须遵从这个法则，于是，就造就了多数人"成王败寇"的命运！

这部分人中最大的群体当属当下的都市奋斗者，当然也不乏曾经显赫一时，悲哀的英雄们！他们有自己的理想，既不注定默默无闻，也不注定不同凡响，而是说他们成功了就会不同凡响，失败了就会默默无闻，失败和成功直接决定着他们的命运，所以，他们害怕失败，所以他们才最热切地希望自己能够成功，想最终"成王"而不是"成寇"！对于他们来说，命运就像一个来回摇摆不定的摆钟，左边是不同凡响，右边是默默无闻。他们也许只需努力一下或者只具备一点成功的潜质，有可能一鸣惊人，不同凡响；而如果稍不谨慎就有可能落进万丈深渊，一败涂地，并从此一蹶不振！所以，对于他们来说，最需要的就是选择从多方面参考、学习得来的人性化的成功，更要多看清楚些关于成功的事例并通过分析慎重地做出对成功的选择。

与那些默默无闻者相比，他们多的是眼界和野心，还有对成功的渴望，以及与成功有关的良好的习惯；而与不同凡响者相比，他们所缺少的是对目标的驾驭感，对不同凡响命运的坚定以及在目标执行中的坚强的毅力与永不服输的精神！

对于这些人群来说，成功了就是"合法"的，含有足够的发言权，无人敢责难他的成功，于是就会受万千人的追捧，受人膜拜，其人生经历就可以被人拿来做成功教材；而失败了就是"非法"的，有口难辩，如果内心没有强大的精神支柱，就只能默默无闻！

比如一个普通的都市奋斗者，他们有自己的理想，他们急切地渴望成功，他本来通过自身的努力和奋斗可以成为一个不同凡响的人的，但是为缺乏对成功的深切理解，或者因为性格方面的原因，最终一败涂地，最终消失于那些默默无闻者的行列之中！

再比如一个曾经不同凡响的人，他曾经通过自身的人格魅力或者高强手段获得过成功，他们也曾经在自己的领域中翻云覆雨、呼风唤雨，但是因为缺乏坚持或者毅力，最终被残酷、磨难或者厄运击得一败涂地，从此一蹶不振，甚至永远地消失在这个世界之上！

华尔街有很多的野心家，他们拥有极高的眼界和野心，还有对成功的热切渴望，还拥有与成功有关的良好的习惯。他们曾经在自身的领域中翻云覆雨，曾经妄想控制世界上所有的人的全部资产，但是，最终却落得一败涂地，很多人都从自己的公寓中跳下来或者割腕或者吞食安眠药等以结束自身生命的方式来逃避破产和失败的羞辱。

德拉维莱切特的人格魅力是无懈可击的，并且还拥有一个让人惊叹的伟大的人生目标。他的面相上写满了强悍、冒险以及乐观。然而，因为在关键时刻，他的目标与手段的连续部位出现了错位，或者说因为他稍稍缺少了不同凡响者身上所具有的那部分难能可贵的坚持和抗击力，最终只能一败涂地，永久地消逝于人间，这样的人比默默无闻还要惨！这也是"成王败寇者"的悲喜人生！

不可否认，成者为王败者寇也是有意义的人生，而他们要想最大可能地避免失败，最重要的就是要勇于自省，以及根据自身的特点做出最佳的人生选择，同时还要多方面地进行参考、学习，以突破自身的性格缺陷，做出自己的正确的人生选择，完成属于自己的成功！

　　■成王败寇的秘密：理想、渴望、积极乐观的人生态度与人生习惯只是一个开始，更重要的就是你的实现方案。很多人之所以能够成王，就是因为他们敢于审视自己，突破自己，也勤于学习，敢于正确地做出选择，找到真正适合自己的正确的人生之路，避免自己走入性格缺陷或者人生误区之中。也有很多人之所以最终沦为寇，就是因为他们不懂得这些！一个欲望强烈而手段苍白的人，很容易德拉维莱切特式的角色。

　　世界上的大多数人都是"成王败寇"型的，对于这一庞大的群体，我们给出这样的告诫：不要认为成功离你很近，在选择成功或者向成功迈出的第一步，请先将它放在离你胸口最近的第二颗扣子的地方，然后静下心来仔细考虑，自己属于什么样的人，究竟该以怎样的方式迈向怎样的成功。盲目地遵从已有的规则或者盲目行动，只会让你的思想和行动陷入泥潭之中，无法施展出你最大的能力，更无法使你获得最彻底的成功！

　　失败和成功决定着你的命运，所以，对于我们多数人而言，我们现在要做的就是停下来审视自己！扪心自问：我是属于哪种成功，哪种人？

　　现在开始为了成功而"整容"

　　每一个社会都有阶层，上一层的人要靠下一层的人作为基础，作为一个社会，它不会否认任何一个阶层的存在，就连最底层的受苦受难的人群都是它存在的必要。

　　人之所以不愿意呆在底层，是因为呆着不舒服，人之所以要往上爬就是因为他觉得他更适合在那个层次生活。

　　所以不顾自身条件一味向往最高境界是一种脑残行为。

　　在底层你会觉的压抑和身不由己，在更高的层次你同样会感到受冲击和不适应。

　　了解了三种成功，明白了三种人，现在你可以明确地知道你属于哪种成功哪种人了吧！我们说三种成功的目的，就是要告诉你们，每一种成功的利和弊，你让慎重选择！三种成功造就不同的三种人，也是让你更清楚地明白，你属于哪种人？只有明白了归属以后，才能更清楚地认识自己，才能找出并制定出更为切合实际的成功计划，才能最终走向属于自己的成功！

其实，这里就是让大家勇于审视自我，它的价值就在于可能为我们提供一个心灵与眼眼交流的窗口，不仅可以正确地察知自己的心态，而且还能够清醒地判断属于自己的实际能力，从而决定自身下一步的行为，做到行之不效，言之得体，最终收到事半功倍的效果，收获属于自己的真实的最有价值的真实的成功人生！

所以，在很大程度上，审视自我是一种积极的自我超越，使自己告别惨痛的过去，迎接光明的未来，不断地修正自身的弱点或弱项，提升自身的优势或强项，使自己绝对不错过表现的良机，完全释放出内在的潜能。这样的人，其面相是厚实质朴的，遇任何事都会收放自如，不会像那些都市中盲目的奋斗者那样迷茫、无助，最终落入一败涂地的境地；更不会像华尔街的那些赌徒一样赔光家产，使自己永远地在这个世界上消逝。这样的人只会羞涩地啃着自己的大拇指——真该好好地拿镜子反照一下自己的心灵了，看一下自己的内心是否真的装着一本属于自己的成功法典！

"有人在街上同时看中了两件很漂亮的衣服，等与商家讲好价钱后，发现同时买两件的钱不够怎么办？"有人说赶快回家去拿，有人说打电话向朋友求借，但是有人却说："为什么不只买一件回去呢？"这个故事说明，有多大能力办多大的事情，是将事情办成功的关键！与其像很多人那样不切实际地盲目妄想，不如退而求其次，依据自身的实际情况，降低自己的眼光与目标的高度！

在很多时候，我们只需退一步就能够达到成功，但是很多人却会削尖了脑袋拼命地向前向高远的地方挤。最终，退一步的人找到了前进的捷径，而那些顽固的人的脑袋只能受到重创！因为前者能够及时地审视自我，及早地看清楚了自我，有一只眼睛始终是看向自己的，而后者却是不见棺材不掉泪，最终只能一败涂地，只能默默无闻或者永远地消逝在这个世界上！

一个人敢于或者善于审视自我，是走向卓越人生的开始。当然，这里的卓越不是单指个人一生事业的大小，而是指自身能量释放的最大化！这样的人就像水一样，可大可小，可多可少地将自己装在合适的容器中，总是能够为自己制定最为符合实际的人生目标，最终将自身能量最大地加以释放，绝不会劳而无功，他们的生活一定是与平庸和和默默无闻无关的！

无可否认，我们大多数人都属于成王败寇的行列之中，我们都想成功，都想急切地成功，都想"成王"而不是落为"败寇"，所以，我们更应该静下心来好好地审视自我，找出内心的痼疾，认清楚自身的是优劣势，并对其进行全面地检视。不仅做一些技能方面的分析，更要对灵魂进行深刻地拷问和检阅，告别盲目自大，浅薄与是无知的自我，迎来一个新的自我，如此这样，展现在你面前的将是一个条理分明、方向明确的成功道路，你只要不断沿着他向前走，一定可又取得属于自己的成功！

那么，如何通过审视自己，知道自己属于哪种成功，哪种人呢？

要想知道自己属于哪一种成功，哪一种人，那就首先要扪心自问：

你意念中的成功是什么样子的呢？

你对自己成功的定位是什么样子的呢？

是这一生最想过的生活是什么样子的？

你对当下的生活感到满意吗？

你的工作快乐吗？

你认为你的工作好吗？

在工作中，你是否有过"出轨"的野心或举动？比如说渴望得到某个职位，或者跳槽去更好的公司发展，并为之进行过努力或尝试？

当遇到困境时，你的选择是听天由命，还是寻找他人帮助，还是激发自我潜力积极寻求对策？

你有过逃避现实的经历吗？

你是怎样看待失败和挫折的？

当你清楚地知晓这些问题的答案，那么，你基本上就可又判定自己是属于哪种成功哪种人了！要知道，第一种成功是满足和自恋的，第二种成功是心不由衷的，是痛苦的；第三种成功是喜悦的，兴奋的！同样地，注定默默无闻的人是缺乏眼界和野心的，注定不同凡响的人是拥有上天的垂怜和富有眼界、野心，同时也是拥有与成功有关的积极的心态和习惯的；而成王败寇者则是不能正确地看待挫折或失败，往往是逃避现实的人！

准确给自己"定位"又后，那么，接下来你还要自问自己以下几个问题，以更好地为"定位"的人生做一个合理的通往成功的计划。

1. 又我目前的人生经历、工作履历来说，我做过什么？

要知道，你过去的人生经历和工作履历是你认识这个世界的所有方面的一个大积累，这是你一生最为宝贵的财富，它将决定你的内心是否强大，你的基本素质，你的潜质又及未来空间的大小等等。

2. 你有什么样的优势，或者说你最擅长的是什么？

这个问题需要你冷静下来，好好考虑！它包括的面是极为广泛的，包括性格、工作、生活、知识、技能、特长等等各方面，这个问题的答案决定着你自身能力的大小，通过对自身的深入的剖析，就可以知道你的能力与潜力所在，当你明确了自己，那么，你就解决了"我能够干什么"的问题。

3. 我的劣势，或者说我的不足之处是什么？

同样地，这个问题也包括各个方面，比如自身性格的欠缺、内心的弱点、经验与技能或者说工作能力的欠缺以及知识储备与资历方面的欠缺等等。如果一个人在这方面没有自知之明，或者视而不见，那么，他如何能够清楚并明白地给自己"定位"，并能正确的为自己的成功做合理的规划呢？

要记住：不要等很多事情发生之后，才发现自身潜藏的这些劣势或不足，这些劣势或不足可又随时引你入地狱，让你一败涂地！

4. 我能改正的劣势或不足之处是什么？

要知道，一个人的劣势和不足不能够完全给一个人下"死刑"，因为人是会随着周围环境的变化而自行改变的。改正了劣势和不足就是转化为了你的一种优劣，它可又为你的成功人生加分。所以务必要仔细考虑！

　　要知道，我们审视自我的目的就是消除自己身上不良因素，在自省中清醒地认识自我，超越自我，最终养成内在的强者的品质。这个世界上之所又遍地都是默默无闻与败寇者，强者少之又少，原因就在于他们不能够客观公正地看待自己，更不能为自己制定合适的人生规划，更别说要取得成功了！

　　遥望成功的金字塔，从最底层的默默无闻到成王败寇，再到位于顶层的不同凡响，每一层我们需要迈过几个台阶呢？远看好似十分遥远悬殊的境界，其实，我们只需勇敢地审视自我就可以做到属于自己的"不同凡响"。默默无闻到不同凡响的差别往往只有一线之隔，而对成功是否有一个清醒的认识，这是一线之差的宽度！努力奋斗不一定会成功，但是如果不能很好地审视自我，认清自我，那么注定只会默默无闻或者沦为败寇！

成功者的两种走向：天使与魔鬼

明确地给自己定好了位，接下来就要大踏步地向成功者的行列之中行进了！但是，你要通向哪一种成功呢？在现实世界中，成功者都有两种走向：天使与魔鬼！

当然，这里并不是说成功者本身有天使与魔鬼之分，而是说成功本身有天使与魔鬼之分！

怎么说？

对于一部分成功者来说，他们的成功是积极的，健康的，是全社会乃至全人类的榜样，受人追捧，受人尊敬，人见人佩服，他们的成功是基于人们对美好事物的向往，这就是天使。比如比尔·盖茨，他让每个人的私人办公室都有一台属于自己的电脑，帮助人们大大提高了工作效率，他对人们的影响是积极的，健康的，这就是天使式的成功方式！

而还有一部分人，因为他的成功会满足人们的需求，只不过这种需求是人性不好的方面的需求。比如有人抓住人们急功近利的心理特点，就创立了成功学；有人看到人们都有虚荣心，于是就有了华而不实的满足人们虚荣心的产品，为了满足人们无聊的心理，就有了低级趣味的产品等等。满足人们反而需求的成功者，本身并非是魔鬼，只是他们善于利用人们反而需求和低级趣味的心理来进行交易，而这正是魔鬼式的交易方式！

人类的需求已经达到了空前的满足，在竞争如此激烈、残酷的胜负世界中，成功者要想取得成功，那就只有两种选择，要么满足人们积极、健康方面的需求，成为满足人们正面需求的成功者；要么去深层次地挖掘人性的弱点，将其运用于商业领域，于是便成就了满足人们反面需求的大赢家！

无论是满足人们正面需求的成功者，还是满足人们反面需求的大赢家，他们的成功都是毋庸置疑的！但是，你是否想过：为什么有人成为了满足人们正面需求的成功者，而又一部分人成为了满足人们反面需求的大赢家？什么是"对的行业"、"错的行业"？这些成功者的面相有什么不同吗？别把所有人的成功模式都当成葵花宝典，我们要做的就是在了解人性和社会基本环境的基础上，寻求一种真正适合自己的成功模式！

　　这是一个渴望和标榜成功的商业时代。我们要告诉大家的是，成功并不是可以复制的；成功最确切的定义应该是避免失败！成功的原因有千千万万，失败或许只是你忽视了自身与自身所处的环境条件！只有清楚了认清楚了自己，并认清楚了自身周围的大环境与小环境，你才有可能会在这个商业时代寻求一条真正适合自己并属于自己的成功之路，你才能更深层次地看清楚成功的本质，你也才能在成功的道路上越走越远！

　　还要重复那句话：真正有用的成功的方法是来源于现实，并能真正有效地用来指导现实的！它会从现实出发，并结合你的个性特征，从内到外去改变你，让你能够快速、永久地立足于成功者的行列之中！

　　这也是我们本章所要揭示的最为深层次的问题！那就是将你领进现实环境中，让你看清你所处的真实的环境是什么样子的，从而对成功有个更深层意义上的思考，进而再为自己做出一个更为合理的成功规划！

贩卖欲望与贩卖梦想

如果说乔布斯与史玉柱之间有什么共同点的话，首当其冲的，就是他们都善于把握人性中的要害点。

为什么众多消费者狂热地乐意购买乔布斯销售的设计优雅、简单易用的数字产品？在当今这样不确定的经济形势下，着魔般地排队溢价购买苹果产品？

乔布斯真正的秘密武器是他具有敏锐的感觉和洞察能力，能将技术转化为普通消费者所渴望的东西，并通过各种市场营销手段刺激消费者成为苹果"酷玩产品"俱乐部的一员。

乔布斯觉得，产品必须从用户体验方面的制高点开始设计。他看事物总是从用户体验的远景出发。如今大部分的产品市场营销员会到外面做消费者调查，问路人"你们需要什么"。乔布斯与他们不同，他并不相信这套方法。他说："如果人们都不知道基于图形的电脑是什么，那我怎么可能去问他们想要什么样的基于图形的电脑？没人见过这样的电脑。"他认为向人们展示一台计算器无助于令其想象未来的电脑。

在i时代，乔布斯渴求"称王"，他说："我就是精品，有我就足够！"对于世界通信领域的大公司，在2008年之前，完全没有意识到新的变革时代已经来临。在这之前，他们生产的手机，产品主要分为高、中、低端，按领域又细分为音乐手机、商务手机或者游戏手机。这是一个希望涵括所有用户的通吃策略，完全可称之为大众化平民路线。而乔布斯新宠的苹果走的却是精品路线。他相信触摸屏是手机的未来，所以，他强行要求iPhone只有一个按钮，强迫用户改变习惯适应苹果。他对简约又极便利化的设计理念的推崇，也大大满足了人们不断追求生活简约化、便利化和高效化的需求！同时，他将美学至上的设计理念融入产品之中，并在全世界推广开来，大大满足了人们对至上至美的真切追求！

乔布斯要给人们的是"惊喜"。所以，他一向采用的方式是，在消费者意识到自己需要什么之前告诉他们他们需要什么。苹果有能力使用户购买他们曾经认为不需要的产品。换个角度对待客户，购买产品的人不是"消费者"，他们是拥有梦想、希望和抱负的人。而苹果产品就是来帮助他们喜欢和实现自己的梦想的。他掌控着人们的欲望，又倾听人们的声音，乔布斯无数创新、激情和能量都丰富和改善着我们生活。世界因乔布斯变得更美好是毋庸置疑的事实。

乔布斯是一个奇迹，而且这个奇迹还将持续下去！他被认为是计算机业界与娱乐业界的标志性人物。他所走的每一步都在凭借其极为敏锐的触觉与过人的智慧不断地挖掘人性中最为神秘和真实的一面：对美、快乐和时尚的追求，对简单、方便、快捷、高效、便宜的崇尚，并将自己的产品深入地植入其中！他勇于创新，不断改革，引领全球资讯科技和电子产品的潮流，将电子和电子产品在人们的生活中简约化、平民化，让曾经是昂贵稀罕的电子产品变成现代人生活的一部分，深刻地改变了现代的通讯业、娱乐业乃至生活和工作的方方面面！

在中国改革开放30年的浪潮中，史玉柱无疑是最具传奇色彩的人物之一。史玉柱从1989年下海创业，到1994年达到公司扩张和自我膨胀的极点，做出营建77层巨人大厦的决策，这一年，33岁的史玉柱的声名达到巅峰状态，在《福布斯》发布的"大陆富豪排行榜"上，他名列第八。1997年，因巨人大厦史玉柱成为"最著名的失败者"，史玉柱成了背负2.5亿元债务的"中国首负"。不久，他黯然离开广东。

1998年，外出旅行后冷静下来的史玉柱重新回到了原本建立了较好根基的保健品行业！这次，他有针对性地将目光瞄准了江苏省江阴市。随即，史玉柱戴着墨镜在江阴市走街串巷，挨家挨户寻访。因为白天年轻人都外出工作，在家的都是老头老太太，半天见不到一个人，史玉柱就与老人聊天，他深刻地洞悉了人性的反面，那就是怕死心理。于是，他顿时觉得这可能是一次大的商机！

从聊天中，史玉柱不但了解到什么功效、什么价位的保健品最适合老年人，而且深知老人们吃保健品一般不舍得自己买，也不会主动张口向子女要，于是，他又敏锐地洞悉到人性的另一个反面心理，那就是送礼！这些极为鲜活而又符合人性的素材就为史玉柱创意"今年过节不收礼，收礼还收脑白金"提供了灵感！

接下来，史玉柱又仔细地分析了中国人性的又一弱点，那就是虚荣！当过年过节送礼成为一种时尚，那么，送礼究竟送什么，就成为中国人讲求的另一个方面！送礼送什么？当然是好的产品！什么是好的产品？在中国人的理念中，好的产品就是人尽皆知，但又是大部分人无法消受得起的产品。比如，人人都知道豪宅住着舒服，都知道宝马是好车，但是并不是人人都能消受得起！

史玉柱紧抓人性的这个反面特点后，接下来就是要让脑白金成为中国人人皆知的保健产品！于是，他果断地采取了"暴力营销"的模式。在三株口服液、太阳神等保健品还在农村做刷墙体广告的时候，"既有贼心又有贼胆"的史玉柱则采用铺天盖地、无孔不入、狂轰滥炸式的广告策略加之渠道建设和严格管理，借"收礼只收脑白金"这句烂俗的广告语再次创造了销售奇迹，让一款全新的保健品在12亿中国人中家喻户晓。当年，史玉柱与他的脑白金一起，他成了中国妇孺皆知的明星。从1994年10月至1995年2月，仅仅四个月，在供货不足的情况下，巨人集团的回款竟然突破了1.8亿元，史玉柱从满足人性反面的需求中捞足了金子！至2000年，公司创造了13亿元的销售额，成为保健品的状元，并在全国拥有200多个销售点的庞大销售网络，规模超过了鼎盛时期的巨人。

2004年，史玉柱重返IT行业，以一款《征途》点燃了网游产业发展的第二把火，他本人也借巨人网络在纽约证券交易所成功上市之机，跻身中国IT业富豪之列，以28亿美元的身价位列2008《福布斯》全球互联网富豪排行榜第7位，比当年还提高了一个位次。

尽管史玉柱否认自己是商业怪才的说法，不过，他在脑白金、黄金搭档、《征途》上的成功不外乎准确地把握了消费者的感受，然后在捏住人性软肋上突破常规的去做罢了。

就以脑白金为例，史玉柱四处和农村老太太聊天，发现对方想吃保健品却等着儿子来买，于是得出了脑白金的经营策略——送礼首选。史玉柱至今最爱的广告还是"收礼只收脑白金"，这句话"简单有效"，直达心坎。

对于网游，他采取的是和脑白金一样的策略。现在，史玉柱一天至少有10小时在《征途》里做客服，在游戏里来回跑动看玩家玩游戏，玩家看不到他。玩家一抱怨，他就跑过去问怎么回事。《征途》游戏成功在什么地方？在于史玉柱以玩家为标准，游戏迎合了玩家。甚至沉迷在这个游戏里的女网友都说，《征途》游戏内外弥漫着暴力与控制、金钱与人性景观。

将赚钱的兴奋点对准了人们游戏的兴奋点。进门不收费，他把这一环节移到了人们要想实实在在地表现自己所必需的衣着、服饰上去。在虚拟游戏里，玩家的自我装扮都要付费。这就是史玉柱的收费模式。

而史玉柱凭什么让人对网游上瘾？《征途》的设计对新来者体贴备至，上手容易，但进入40级后，为玩家设计了相当多的关口，激发玩家遭受挫折度、侵犯性线索和行为刺激和对他人PK行为的学习从而去个体化等。

如果说乔布斯是为消费者带来快感，史玉柱则是为消费者解决痛苦。

他们都赚钱了。

作为普通大众，人性里有好的一面也有坏的一面，有好的需求也有坏的需求，作为商人，你可以跟大众人性好的一面做交易，也可以跟人性坏的一面做交易，你可以满足人们好的需求，也可以满足人们坏的需求。只要你抓得准，人们就会掏钱。

心向明月还是心向沟渠

这是一个崇尚成功的年代！人人都在追求成功，无人不在渴望成功，于是，成功市场就应运而生！随即，西方成功市场诞生了伟大的卡耐基成功学，而东方成功市场则被人发掘出了厚黑学！

卡耐基告诉我们要直面困境，如何为人处世，如何与人交换利益，如何利用自身的毅力去战胜和打败困难，并利用大量普通人不断努力取得成功的正面故事，通过富有激情的演讲和文字唤起了无数陷入迷惘和困顿中人的斗志，激励他们取得辉煌的成就。

卡耐基成功学的创立者是卡耐基本人，他自小是个懦弱无能的人，曾经经历无数次的就业失败，他惊愕地发现，自己的事业丝毫不受人所重视，而那些迷茫的年轻人，那些有梦想的人，那些等待着心灵被开启的人，还被困在失业的困境之中。看着社会上的失业队伍一日复一日，一年复一年地壮大起来，卡耐基萌生了通过教育或者演讲来拯救人心灵的想法。

于是，他白天写书，晚上去夜校教书，以赚取生活费。他希望能在夜校讲授公开演讲课。大学时期他曾在公开演讲方面受过训练，他有经验。这些训练和经验，扫除了他的怯懦和自卑，让他更有勇气和自信去和他人打交道，增长了他为人处世的才能。他希望将自己的训练和多年的经验传授给更多的人，为此，他说服了纽约一位基督教青年会的会长，同意他晚间为商界的人士开设一门公开演讲课，以给人们自信和力量，让他们更好地面对白天的工作。而卡耐基自己也开始了其奋斗一生的成人教育事业。

他教人如何战胜忧虑，如何征服畏惧，如何克服封闭的人性的弱点，如何培养自信、激发人性的热忱，改善人际关系，激发人的潜能，使人走向更为积极的人生，具有宝贵的启示和借鉴作用。

他对人们精神与行为方面的鼓励和影响，成就了全世界成千上万人的伟大梦想。他的教学构想开创了成人教育的先河，经久不衰。事实也证明，卡耐基的教学模式是目前世界上改变一个人最富有成效的方法。他以超人的智慧、严谨的思维，在道德、精神与行为准则上指导着万千有梦想的人，给人以安慰、鼓励，使人从中汲取强大的力量，从而彻底地改变生活，改变人生，改变命运！

他的思想和观点不仅改变影响了美国，更多的是改变和影响了全世界。当经济不景气、不平等、战争等恶魔正在磨灭人类追求美好生活的心灵时，卡耐基的精神和思想，就成为人们走出困顿、迷茫、绝望的最有力的支撑。即便在现代社会，卡耐基对人性正面的洞见，仍然指导着成千上万的人，尤其是富有梦想、前途迷茫的年轻人。

卡耐基的《人性的弱点》、《人性的优点》、《语言的突破》等著作，自问世以来，改变了千千万万人的命运，发明王爱迪生、相对论鼻祖爱因斯坦、印度圣雄甘地、《米老鼠》的父亲华特·迪士尼、建筑业奇迹的创造者里维父子、旅馆业巨子希尔顿、白手起家的台湾塑料大王王永庆、麦当劳的创始人雷·克洛克等，都是卡耐基思想的受益人！他的著作也被译成多种文字，风靡各国。卡耐基的书一度成为西方最持久的畅销书之一，曾被人誉为是"人类出版史上的奇迹"。

卡耐基思想和观点的实用性与指导性，以及对社会各类人群与各个时代的适应性，是其最重要的特点。他的思想和见解不会落伍，不会过时。在飞速发展竞争激烈的当今社会，它依然不会退出世界的舞台！

如果说卡耐基抓住了人性中真实和积极的一面，那么，现在的厚黑学则抓住了人性中最为赤裸阴暗的一面，那就是教人玩心眼，耍奸计！这是厚黑学严重被扭曲之后的样子。

读过《厚黑学》的人都应该知道，它并非是让人学坏的书，而是教人如何更冷静地面对这个社会。李宗吾先生为人正直，聪颖机智，治学严谨，思想独立，崇尚自由，富有怀疑和批判精神，敢于质疑和颠覆已有的结论和定见。他写《厚黑学》语言讽刺辛辣，结论惊世骇俗，他后来被人被誉为"影响中国二十世纪的十大奇才怪杰"之一。他从历史和哲学的角度揭开了所谓"英雄豪杰"的成功秘密,目的是想让人看懂世事,而不是让人都变得心狠手辣。

现在厚黑学告诉我们脸皮要厚如城墙,心要黑如煤炭,这样才能成为"英雄豪杰"。它教人如何从人性的反面去用人、防人、治人、御人,最终达到巧取豪夺的目的。它被无数政治家奉为圭臬,是其争权夺利的锦囊妙计。

同样是成功市场孕育出的成功产品,为何能给人带来不同的受益效果?不同的受益效果,却不妨碍它们共同成为成功市场最为伟大,最受人推崇的两种"成功产品"!这主要是因为卡耐基抓住了人们心中的天使,而现在的厚黑学则抓住了人们心中的魔鬼!

厚黑学创始人李宗吾先生认为,想要成功,与其宗法孔孟之道,不如先宗法自己,故出现了李宗吾的厚黑学!他说厚黑学分为三步功夫:第一步是"厚如城墙,黑如煤炭",就是让人脸皮要厚,内心要狠、黑!现在的理解是要无耻,要变坏!

城墙虽厚,可用火炮轰破;煤炭虽黑,但颜色可憎,众人不愿接近它。于是,就有了厚黑学的第二步,即"厚而硬,黑而亮",厚得炮都轰不透,黑得都有了光彩。现在的理解是人要更"坏",要"坏"透了才行!这一步同第一步功夫虽然有天壤之别,但是毕竟有形有色,别人经过细心观察便可看出蛛丝马迹。

于是,就有了第三步"厚而无形,黑而无色",进入"无声无嗅,无形无色"之境界。现在的理解是虽然"坏"透了,但是你还要伪装得别人看不出你的"坏"才行!如果达到此种境界,那你便可以攻无不克、战无不胜、锐不可当、所向披靡。

李宗吾先生说过,用厚黑以图谋一己之私利,是极卑劣之行为;用厚黑以图谋众人公利,是至高无上之道德。但是反观现实,人们用厚黑以图谋一己之私的要多!

这,不能不说是一种无奈!

成为造物主的可能性

我们既然活在这个世界上，就要找出活在这个世界上的理由，如果不是有那么多东西存在，我们有什么理由在一个地狱一般的世界里活下去呢？

在都市奋斗的人们，有时候几近麻木。每个早晨一醒来便心情不佳，想到这一天又要在单调的例行工作中度过，便觉得这个世界是多么枯燥、乏味。当挤在密密麻麻的地铁和公交车里，缓慢地向单位前进时，总会满腔怨气地想：为什么每天得起这么早？为什么这个城市挤满了这么多人？住的地方和单位距离这么远，熬了半天的夜工作还是没有完成，车停下来又上了这么多人，每个人都面目可憎，既不会给别人让座，也不会面带笑容，到了单位又要挨领导的批评，看他的脸色，跟同事扯皮，中午又要叫很贵的外卖，过几天就要发工资，一交房租又所剩无几，为了有口饭吃就要这样忍受现实的摧残，这日子什么时候是个头？

到了单位坐下，打开电脑，看着弹出来的新闻框，看到了一些有趣的事，发现有部新电影要上映，于是有了期待，朋友发来几句慰问，同事说周末聚餐放松一下，这才发现生活也还是有点乐趣可以寄托的。

所以为这个世界创造美好，不是一个虚幻的愿望，而是一个强势得不能再强势的需要！

有些人会创造这种东西，会满足我们这种需要，他们以这种方式获得成功，对于他们的存在，我们欢迎欢迎再欢迎！

我们不能想象有一天这个世界上没有了美食，没有了电影，没有了音乐，没有了电脑，没有了网络，没有了手机，我们的生活会是什么样子。

也正是有各种各样美好事物的存在，我们才觉得只要成功了，就有那么多好的东西在等着我们，内心便会充满了期待，枯燥的生活就有了苦熬下去的动力。

我们要吃，我们要穿，我们要住，我们要娱乐！我们要让这个世界看上去是美好的，是我们愿意待下去的！

从人类出现的那天起，他就和世界上其他生物一样，平等地享受着大自然赐予的一切。人之所以是人，是因为他不满足于这种赐予。老天没有给我们，就会有人把它创造出来。

时至今日，我们的物质生活和精神生活似乎极度丰富，但我们却无法获得相应的舒适和快乐。人性的正面需求在各种疯狂的攻势下，同时被糟蹋，我们无法辨别真伪，无法识破好坏，这是我们的危难！

对美好事物的向往是人性正面需求之一。很多人为满足大众这样的需求而获得成功，我们不难理解。他们中的一种人更值得我们尊重。

读到安徒生的《卖火柴的小女孩》，有良知的人无不为之动容。小女孩把她对这个世界能够想象到的美好事物都融进了那三根火柴里。

在第一根火柴里她看到了一个铁火炉，烤鹅，她刚想把脚伸出来取取暖，火柴熄灭了；在第二根火柴里她看到了圣诞树，看到了蜡烛，看到了美丽的图画，正想把手伸过去，火柴灭了。当看到从星星从天上落下时，她会为这个世界上又有一个人死去而悲叹；在第三根火柴里她看到了祖母，使她能够在死去的时候嘴角还能带着微笑……

她是多么希望能够活下去啊！她年纪太小，善良的她还不知道怎么来抱怨和反抗她所处的那个世界，她以她的天真述说了一个有那么多美好的东西而不能享受的悲剧！

每个人都渴望活下去，希望自己的梦想有一天能变成现实！

这个童话虽然残酷，但它至少是一个有美好事物可期待的世界。如果连火炉、烤鹅、圣诞树都没有，那将是一个彻底的悲剧。小女孩的眼前虽然是冰冷的，但至少不是黑暗和空洞的。

有人说这个世界很糟糕，可是我没有办法逃离这里，所以我只能待在这里。这是一个最失败的人生总结。

这是这个世界上最伟大的励志故事，它告诉我们这个世界上最伟大的人不仅是那些创造出好产品的人，也是那些降低成本让普通老百姓能够买得起的人！

从某种意义上说，人才是真正的造物主。他不仅创造了那么多美好的东西，还创造了一个人类社会特有的规则，之所以会有"成功"这个概念，就是因为一切美好的东西都只属于有钱消费它的人！

还记得那个伟大的名字吗？以"制造人人都买得起的汽车"为奋斗目标的他，在1913年开发出了世界上第一条流水线，这一创举使T型车一共达到了1500万辆，缔造了一个前所未有的世界纪录；1914年1月5日，他以8小时工作制，最低日工资5美元的标准取代了9小时2.34美元的日工资标准。他就是亨利·福特！

2008年经济危机发生时，福特是唯一一家没有经过国家救济自己走出经济危机的汽车集团！

我们需要这样的人，我们呼唤这样的人，我们也有幸在这个时代遇上这样的人。但是如果你抱着这样的思想，拿着自己的血汗钱坐等这样的人出现，那你就是傻子！

对于一般人而言，我们不得不为有钱享受世间美好的事物而奋斗，好，在你想方设法谋"钱"程的过程中，就会遇到一个重要的选择，"立足于人性正面"就成了一个艰难的挑战。

这个选择就是：要成为人，还是成为魔鬼？

看了《肖申克的救赎》，很多人才知道好人也可以强大到这个地步，强大者原来也可以保持如此完美的善念。人都需要得到好东西的滋润，在公交车上有一百个人跟你让座也不如看一部这样的电影，让你对做一个好人产生这么大的肯定。

世界需要美好的东西，需要让人享受到美好的东西，更需要美好的人。

一般来说，趋利避害是人的天性。如果做好人让你吃到了苦头，你就会或多或少收起自己做好人的触角，而如果做好人让你尝到了甜头，你才会继续做一个好人。

所以我们看到，一个刚出道的人由于处处碰壁，他会变得不择手段，而一个不择手段谋取到成功的人，他又会想方设法漂白自己。

努力去品尝做一个好人的甜头吧，只有把人性好的一面变成甜头的人，才能真正了解"成人之道"，成为一个强大的好人。

在最残酷的战场上，要成为一个强大的好人，就不能有精神上的洁癖，对于以好人自居的人，他们只能拒绝丑恶，对于真正想成为好人的人，他们则需要接触丑恶并有能力净化丑恶。所以成为强大的好人，第一步就是不以好人自居，否则就会被禁锢在各种好人的概念围起来的墙壁中，结果什么也干不成。

当世界充满了乱象，是什么让我们看到希望？

我们发现越是发生大的灾难，人性好的一面就会越大限度地被激发出来，比如地震；邪恶的对手越是强大，就越有人与它划清界限，比如二战。

我们还发现，在一个人对世界产生绝望的时候，振聋发聩的说辞往往比不上一个孩子天真可爱的笑容和一个善良人的规劝。

如果那么大的灾难都没有让人性灭绝，一个孩子和陌生人的微笑都能让你重获希望，那我们在变成一个魔鬼和放弃希望的时候，是不是有太多的事情没有去做呢？

灾难中，绝望中，人类存活了下来，信念和希望让我们生生不息。

欲望的大赢家

你喜欢喝不加糖的咖啡吗？喜欢喝啤酒吗？喜欢吃生蚝吗？以上三种东西虽不是每个人都喜欢，但是那些喜欢上它们的人，往往会把它们形容成天堂才可以享受到的饮料美食。

请问这些饮料在第一次喝的时候，味道如何？是否很好喝？不！一点都不好喝！因为，第一次品尝的时候，是一种难于入口的味道。但，当他们继续喝下去，慢慢地就能在"苦"中品尝出另一番滋味。爱好者会从无糖黑咖啡的苦中喝出甘美，从啤酒的涩中喝出清凉的快感，从吃生蚝或生牛排的腥味中，勾起我们人类记忆中的那种原始和野性的味觉。这些食物，通常都是成人的爱好。小孩呢？

你会不会拿黑咖啡、啤酒和生蚝来喂他们呢？应该不会吧。小孩喜欢什么味道呢？小孩子舌头的味觉神经还未开发，味蕾感受比较单一，故只喜欢甜的东西，所以，小孩喝的饮料通常都是糖分较重的饮料，糖果和甜品更是孩童的偏爱。成人不同，成人的味觉神经已经开发，会比较多层次和多元化。故成人的舌头能够品尝酸、甜、苦、辣各式各样不同的诸般百味，并能从苦中品出味道来。

小孩子吃东西的时候，喜欢加上果酱，而成年人则可能会喜欢加上番茄酱、辣椒酱、沙茶酱、芥辣酱，还有那个最刺激的日本青芥末，还会享受榴莲、臭豆腐和臭芝士。不知道各位有没有察觉到，不同的国家及其文化里面，通常最让人觉得意犹未尽的美食，要么就是难吃的，要不就是难闻的，或者两者皆有。

假如你生活到了今天，依然仅仅认为人性中美丽的一面需要助长，丑恶的一面需要尽量铲除，你就如一个味觉未开发的幼稚成年人，因为成人的世界是复杂的！

有时候我们会困惑：有些东西明明不是什么好东西，却卖得那么好！快餐店卖的明明是垃圾食品，价格还很贵，生意偏偏异常火暴！电影明明很垃圾，却有那么多人看！这个东西明明没有什么用，偏偏卖到脱销！

一般人会傻眼，觉得这个世界还不靠谱。

直到有人出来分析这种现象，你才知道，原来这都是必然的！

有些东西我们一开始的时候并不知道它不好，当发现它有害想阻止它的时候，它已经在我们的生活中根深蒂固了。烟酒就属此类。烟对身体有百害而无一利，偏偏能让人精神集中，大脑飞转，偏偏我们的压力又这么大；酒这个东西更是无处不在，高兴了要喝点酒，郁闷了要喝点酒，谈生意搞关系更要喝点酒，你就是不喝，也会用到酒，送礼要用酒，结婚要备酒，过年招呼人要用酒，请人吃饭要用酒……

有些东西我们一开始就知道不好，但它能满足我们的无聊，我们也就经不住诱惑。比如游戏。游戏中有一部分是健康的，有一部分纯粹就是为了挣你的钱。游戏开发商才不考虑你的未来，你有可以挥霍的青春，他就给你挥霍的空间；你兜里有钱，他就让你都掏出来。给你一切吸引你的东西，让你废寝忘食，颠倒昼夜，不但要让你上瘾，还要让你戒不掉。

一个人喝可乐为什么？不为什么，就是好喝，人人都在喝。吃快餐真图快吗？君不见很多人进肯德基就是为了磨时间吗？不为什么，就是好吃，人人都在吃。管你有没有营养，好吃才是王道，人人都在吃才是王道，到处都是广告才是王道。

现在的电影越来越急功近利，质量与我们的期待相去甚远。问题是为什么它还能赚钱？为什么又把这种达不到观众要求的方式当成共同的赚钱方式？

有的人说："现在的电影追求的就是票房，谁花钱买票我就拍给谁看，而且除了明星还是明星，除了宣传还是宣传，没看到电影在哪里。"电影在哪里？在那些上电影院看电影的消费者心里。有些菜可以快炒，有些菜则必须慢炖，但你不会为了吃一道慢炖的菜而在饭店里等上4小时，你也不会把钱存起来为看一部各方面完美的电影而等上几年。竞争就是这样残酷。

有些东西明明没什么用，可是偏偏就是需要，比如高档月饼。现如今月饼的种类不仅繁多，简直称得上令人瞠目。螺旋藻月饼、西洋参月饼、虫草月饼、鲍鱼月饼、鱼翅月饼……只有你想不到的，没有做不出来的，那这些种类繁多的月饼好吃吗？好不好吃倒是其次，其实问这话就有点傻了——这几百块钱，甚至一千来块钱一盒的月饼是用来吃的吗？包装愈豪华，月饼愈好卖，市场也愈来愈离谱。月饼演绎的是"吃的不买，买的不吃"的悖论。

我们明白了，人不仅有那么多正面的需求在等待满足，原来反面的需求也给成功提供了如此大的空间。满足人性反面需求而成功，是一种透过地狱看到"天堂"的境界。

人之初，小孩子除了长得比较单纯可爱以外，其他方面都是让大人头疼的。因为在那个还没有长开的小脑袋里只有一种意识：一切顺着我来！所以小孩子都是任性的，你一不给他想要的东西，他就会哭，就会闹，作为大人你除了满足他，绝没有别的办法。商家才不管什么甜的东西吃多了牙齿会坏，只要你爱吃，我就想方设法生产。妈妈说："不许吃！"爸爸说："给你买，你要乖。"你会觉得谁好？当然是爸爸好。但是我们长大后会发现，原来一直以来，我们对妈妈是误解的，当年妈妈的反对是为了我们的一生。

曾经有一个女人带着孩子去见圣雄甘地，恳求他劝告她的孩子不要再吃太多的糖。甘地叫她一个月后再把孩子带来，一个月后这位母亲再次带着孩子来见甘地。甘地摸摸他的头，然后跟他说："以后要少吃糖了。"接着就叫母亲带孩子回去。孩子母亲很纳闷地问道："你就只是讲了这么一句话，为什么上个月不讲呢？"甘地回答说："哦，上个月我还有吃糖。"

甜食这种东西，如果小时候没有控制住，长大后就会对它产生依赖。"一切顺着我来"，这种观念也同样如此。

"一切顺着我来"的意识被带到成人世界后，效果会变本加厉，因为成人已经在能力上异于小孩子，可以自己说了算。

通常越是需要得到呵护的人，就越有这样的脾气。女人便是如此。所以小孩和女人的钱是最好赚的，因为他们喜欢就要买，没有为什么，没有什么道理可言。哪怕我的要求是不合理的，我的趣味是无聊恶俗的，我也希望得到满足。你给他买了他就高兴，你不给他买他就闹情绪，讲再多的道理都没用。

所以，做生意的人最知道研究人性，"一切顺着我来"这一点早就被我们利用得得心应手。所谓"顾客就是上帝"，老板都这样要求员工。一个人肯把兜里的钱掏出来，有时候不是因为商品，是因为他顺心了。

所以百度成功！身边的人有百分之八十用的搜索引擎是百度。百度对我们百姓而言就一句话——想要什么有什么！

第三章

厄运缠身的六种魔鬼相

◎为什么人人防范你

◎不疯魔不成活

◎眼前无路想回头

◎妒火有毒，狠毒的毒

◎看不到阳光的地狱腐尸

◎壳有多硬内心就有多脆弱

◎别让你的成功带有阴影

当你用尽浑身解数，经过一番努力，终于取得了成功，那么，当你游离于成功者的行列之中，你是否发现这样的现象：

有些人凌驾于众人之上，你会因为他脸上一丝的奸诈而将他作为防范的对象；

有些人永不停止折腾，但你会因为他太过疯狂而离幸福和快乐越来越远；

有些人气场强大，但你会因为其太过残忍而与他绝交；

有些人手段高明，但你是会因其太过狠毒而不敢与他亲近；

有些人击败了无数对手，但你会因为其不择手段而觉得他毫无人性；

有些人撑起一片天，但你会因其太过操劳而觉得他其实是在痛苦之中。

从每一个非成功人士的脸上我们都能读出一个面相：奸诈、疯狂、残忍、狠毒、无情、阴郁……这些就是成功应该有的面容吗？

当然不是！一个成功者的首要标志就是他的心态，有什么样的内心，就会在脸上呈现什么样的面相，它是一种极为高贵的符号，代表了一个人面对不同处境可又达到的境界。同样地，奸诈、疯狂、残忍、狠毒、无情、阴郁等等，这些消极的面相，也是一种符号，它是你内心的映射，带给人的则是相反的效果，让人防范、害怕、躲避、厌恶甚至憎恨，它们是隔开成功者与大众的"黑暗屏障"，无情地将成功者弃于黑暗之中，永远看不到外界明媚的阳光！

为此，当你走在成功的道路上时，一定要避开它们！不要让自己的脸与这些魔鬼有一丝一毫的沾染！那么，你将会在大踏步地在成功的道路上沐浴阳光，你的明天也更将会更加光辉灿烂！

如何避开这些魔鬼相呢？

想避开它们，就先要认识他们。只有看清了它们的本来面目，才能有效地进行防范！

这里要告诉大家：这对你们非常重要，如果一个人的面相都让人感到厌恶的话，那谈何成功呢？既便是成功了，那他架起来的成功也只是一个空中楼阁，终有一天会轰然倒塌。所又，这一点非常重要，我们必须拿出勇气去避开它！

这就是本章所要传达的重要内容！

为什么人人防范你

大奸之人，像赵高、秦桧、魏忠贤之流，他们有的不择手段骗国，有的卖国，有的试图不择手段窃取权位，连主子都是他们下手的对象，此为"大奸"。这应该说很不得了了，但最终都没有好的下场。可见"奸诈"有它的局限性，它不能膨胀得太大，不能试图浮出那个神奇的"水面"，一旦"出头"，便遭毁灭。

小奸之人，为了一己私利，会撒谎、骗人，打小报告，善于撒谎，善于伪装，为了学会和掌握卑鄙的伎俩和聪慧的技能，他们几乎将自己训练得无所不能。他们善于察言观色，处世圆滑，见风使舵；他们能够一箭双雕、孤注一掷；他们也善于用谎言来让所有的人都相信自己，觉得自己是这个世界上最真心、最诚信的人，然后再以小利套取大利益，以公满足自己的私欲。

凡是奸诈之人，大都是阴谋家，为了向上爬可以出卖灵魂，可以不择手段，可以寡廉鲜耻，可以残害无辜，这是奸诈者的典型特征。但是，这些人又有个性上的区别，他们因为所处的环境不同，要达到的目的不同，所以，在进身发迹、窃取利益时所使用的手段也是不同的。

在一个都是老实人的环境里，天生心眼多的人，不耍手段才怪！

在一个领导说了算的环境里，有溜须拍马习惯的人不冒出来才怪！人们不修炼这种本事才怪！

在一个尔虞我诈的环境里，你不把心机当成最主要的生存手段才怪！

善于对领导溜须拍马的人，周围往往没有几个真正的朋友，因为和他们在一起的威胁太大，他们只要能做到让领导喜欢就可以了，受不受下面人的欢迎无所谓。

那些恨他的人，有些是鄙视，有些则是妒忌，因为没有人家那两下子。这些人同样怕吃亏，同样想用很小的代价获得很大的果实，但没有心眼，耍不出奸诈来。如果你发现了这种人，请千万小心！

有的人人面兽心，阴险毒辣、投机钻营，极为擅长玩"阴"的，这样的人，如果你不仔细观察，很难看到其面相流露出的奸诈，这就上升了一个境界。在争夺式的环境中，人人都愿意别人在明处，自己在暗处，将自己隐藏好绝对是一门功夫。但他们隐藏的不是棉花，是刀子。把刀子藏在身体里的感觉，你是知道的吧，那样子总不会是洋溢着快乐，充满着享受的吧。

所以如果你看到一个人在做事上不下工夫，人际关系却一流；对游戏规则的研究有一种特殊的癖好；不相信合作，只相信利用；什么事都想得很复杂；看着什么坏事也没做，好处偏偏全往他那儿跑；别人有好事他老爱掺和……那你大概已经闻到了一种不祥的气息。

对于一个在成功路上打拼的人来说，奸诈是隔开其与众人的"黑色屏障"。奸诈之人内心充满了暗算、阴暗、险恶，那么，面相上也会呈现出阴晦、暗淡的色彩，甚至其周身都被这些消极的，令人害怕的光环所笼罩。

"奸诈"之所以能够成立，是因为有滋生它的空间，因为有这个空间，就有它的局限性。你可以偶尔耍一下奸诈，但千万不能成为一个奸诈之人！暗中操作，不能见光，怎么红运当头？不能大张旗鼓，不能轰轰烈烈，不能放开手脚，这也许是我们要远离这种面相的原因。

不疯魔不成活

在成功者的行列之中，也不乏一批极为疯狂的人：他们或能力超强，能承担超出常人的负荷；或为了某个念头折腾不止，即便离常人的幸福和快乐越来越远也在所不惜；或其实生活在痛苦之中，疯狂只不过是在癫狂中追逐忘我……

所以有人说，只有疯子才能成功。这句话不对，应该说，只有疯子才能不像常人那样去成功。常人的成功是痛苦的，龟爬一样的速度，既要注意这个，又要注意那个，种种因素都齐备才能出现一个小高潮，没有气吞山河之势，没有电闪雷鸣之光，关于生活灿烂的梦想只不过是高岭之花，想想也就罢了。人不疯狂，生命之火就无法燃烧。

诚然是。在追求成功的过程中，每个人都有压力，有压力就会有很多焦虑，就会紧张，就越想通过当下的努力赶快去改变自己，按部就班地熬啊熬啊有什么乐趣可言呢？

谁都痛恨平庸的生命，痛恨在那么多的束缚中装孙子，痛恨满腔饥渴无处撒，痛恨这世界不是我的游乐场……想要自己疯狂没有错，问题是，如果别人比你更疯狂呢？

其实如果用50年前的眼光看，现在的人们都已经很疯狂了，即便普普通通，在他们眼里同样很疯狂，我们之所以觉得自己不疯狂是因为这是一个超出你疯狂的时代。

每天坐几小时的地铁上下班，中午顾不上吃饭，不疯狂吗？

月月忙任务，老婆生孩子都不能在身边，不疯狂吗？

为养家风里来雨里去，连喘一口气的机会都没有，不疯狂吗？

每月扛着沉重的房贷车贷，多睡一小时就觉得奢侈，不疯狂吗？

刚出道就要明白这规则那规则，逢人就说这水太深了，一般人玩不了，不疯狂吗？

所以，你已经够疯狂了！疯狂的人总是精力旺盛，经常为了赶一个工作计划工作到深夜，为了准备一个会议而忘记了吃饭，为了谈成一个合约，在酒桌上喝得酩酊大醉，搞得自己像是一有任务就把自己出租出去的船一样，慢慢地身体就垮了。

我们表现得疯狂，是在命运和压力之下所作的"困兽之斗"。跟那些"猛兽出笼"的人有根本上的区别。

疯狂的企业家要么是疯子要么是赌徒，不切实际的疯狂扩张让人瞠目结舌，只有几千万就敢做几十亿的事，一提到发展目标就是几年内世界多少强，他们是那么的相信奇迹，在神奇的发家之后用飞速扩张给自己掘下坟墓，最终因为一些几乎微不足道的小事瞬间崩盘。炒作概念、疯狂宣传，通过夸下一个个根本不可能实现的海口四处攫取利益。他们骨子里的疯狂气息令人难以想象，最后面对麻烦结局的崩溃又与当初的疯狂形成巨大的落差。

如果你的理智只是栅栏，请千万不要尝试疯狂，要让疯狂不冲破你理智，至少你的理智得是一座堤坝！而且是座大吨位的堤坝！

千万不要让疯狂成为一种病，不然大脑就像上了发条一样永不停歇，永远都处在紧张的状态之下，好像如果不去折腾一下，就会失去什么。你已经不是自己的"主人"，内心早就沦为"心魔"的"奴隶"了。人生像一匹脱了缰的野马，再也无法掌控自己！

如果你得了疯狂病，你将视一切和谐为大敌，你的亢奋将需要极大的刺激来维持，你不愿意去控制快感而喜欢被快感控制，你将没有办法静下心来，一个想法还未冷却已经迫不及待地开动下一步程序，你的现实比梦还美，没心思睡觉，你将不得不与同样疯狂的人为伍，你的理智将不再坚不可摧！

真正强大的人不用疯，只有想快速强大的人才会疯。所以，你从未见过哪个成熟的成功者是疯狂的，比尔·盖茨、乔布斯也从来没有说过疯言疯语，做出过让人难以理解的行为。

时至今日，更多的年轻人怀着一夜暴富的激情，匆忙地撰写商业计划书，日以继夜地泡在办公室里，一箱一箱的方便面摆在脚边，每天至少工作14小时，以"在25岁前赚到第一个100万"为奋斗目标，被称为"勇于冒险、标榜创意、坚信自我"，人生的痛苦被限制在10年的非常规繁荣期，激情全部挥霍在"如何在35岁前退休"上。

正是这种"疯狂"，他们把世界想得太过简单。

在残酷的赛场上，你必须疯，因为对手也在疯。"疯狂"从来就不是一个人的事。

一个人的"疯狂"在一个相对平和的环境里，也会成为众矢之的。

人们不是羡慕别人的疯狂，是害怕！害怕别人一旦疯狂起来，我们就比不过他！

人都是自私的。老板喜欢员工疯狂地干活，却不喜欢同行疯狂地发展；我们希望电脑疯狂地运转，却不希望电脑疯狂地涨价；孩子希望疯狂地玩耍，却不喜欢疯狂地做作业……

我们总是希望对我们有利的越疯狂越好，对自己不利的疯狂最好不要出现。

这个世界上哪个地方火烧得过大，都是要被扑灭的，你老老实实待在为社区供暖的锅炉里，它就把你捅得越来越旺。

没有疯狂过的人，也许会觉得疯狂是一件很过瘾的事，只有疯狂过的人才知道玩火自焚的道理。人都只能适时疯狂一下，要成为一个疯狂的人就需要付出代价，好火费炭，好菜费饭，不知道要有多少东西成为你的牺牲品。

一定要看清自己的职业寿命，如果你吃的是年轻饭，那就不妨疯狂一点，在大限到来之前能有所收获；如果你的职业寿命很长，你就要从长计议，不能过五关斩六将，到最后熬出来了要承担重任的时候却没后劲了。

　　人生不是百米赛跑。你见过哪个长跑冠军是用百米的速度跑完一个百米，停下来歇一会，再用百米的速度跑下一个百米的？

　　疯狂的世界就是，前面一个人跑，后面无数人追，越跑越快，越追越快，前面的人累死了，后面的人也累死了！那些没有跑的人胜利了。

　　所以，你要理解两句话：

　　一句是现在疯，是为了有一天不用疯；一句是现在不疯，是为了有一天能疯！

眼前无路想回头

有一句话是：对敌人的仁慈，就是对自己的残忍！

在追逐成功的道路上，我们最大的敌人就是——"自己"！你会如何对待你自己这个敌人呢？头悬梁，锥刺股，对自己下得了狠心的人会去做。如果说消灭敌人是为了排除自身所受到的威胁，那对"自己"残忍在这种逻辑下就是为了排除"成功"所受到的威胁。

2005年舒曼杯亚太地区国际青少年钢琴大赛颁奖典礼在深圳隆重举行。一个女孩赢得了全场最经久不息的热烈掌声。她一人夺得专业C组、贝多芬组、巴赫组和高级组的四项冠军及两项亚军，创造了此项比赛历史上的最好成绩。

那时还很少有人知道，这个小女孩的成功建立在从5岁开始，被父亲逼迫着每天枯坐在钢琴凳前6～8小时之上；建立在5岁到8岁的三年中，被父亲打了400个耳光之上；建立在母亲严重的神经衰弱，父亲长期的营养不良和高度紧张之上……

不知道还有多少小孩也通过这样的方式在向所谓的成功玩命地迈进，也不知道有多少小孩最后没有取得成功而白白地受了这么多罪，最后被更残忍地丢入失败的行列。

你要走上这条道路，对自己残忍是没有用的，只有比别人对待他们自己更残忍才有用。

你会说，也许这个女孩不爱弹钢琴，如果她喜欢上了钢琴，不用别人督促也会好好弹。是不是做着自己愿意做的事，就不会那么残忍了呢？先不要轻易下结论。

电影《黑天鹅》讲的正是这样的故事。

Nina自幼练习芭蕾舞，在母亲的细心辅导下，技艺出众。她对芭蕾是那么的热爱，她希望可以脱颖而出。在选拔中，她的白天鹅表演得无可挑剔，但是演黑天鹅却没有感觉，远远不及她的对手Lily。为了能够胜任黑天鹅的角色，Nina无所不用其极地寻求突破。

芭蕾舞是挑战人体极限的艺术，作为一名芭蕾舞演员，对身体的要求往往达到苛刻的地步，为了保持体态时常要进行食物催吐。Nina为了练舞，脚指甲破裂了，回家还发现了背部肩带磨蹭处起了严重的红斑，就连做梦都梦到自己大腿突然骨折……

她感到身心俱疲，但还是不能找到黑天鹅的感觉。舞台总监说："完美不仅仅是要求控制，它同时还需要释放感情。"如何从善良纯洁的白天鹅变成邪恶魅惑的黑天鹅？为了找到黑天鹅的情绪，Nina去尝试，去摸索，甚至在黑暗中体验堕落和嫉妒。在由白转黑的灰色地带，她在被取代的恐惧阴影下，压力和焦虑在继续，理智被多疑侵蚀，她慢慢地分不清现实和梦境，渐次出现了精神分裂。

演出终于开始了，换鞋的一刹那Nina才发现她的脚趾都长到了一块，她不得不忍痛把它撕开。高度的紧张又让她在舞台上出现失误，难掩的泪水在她逃入后台那一刻喷涌而出，进到化妆间时，她却看到Lily已经扮上了黑天鹅的妆。疯狂的她在冲动中用碎玻璃刺向幻想中的对手，她的眼睛变成了可怕的红色，她的感觉找到了。她不顾一切地奔向舞台，精彩的演出震撼了每个人的心灵。换幕时回到化妆间，发现什么都没有，原来她刚才刺向的是自己。从她扭曲的痛苦的面孔上，眼泪流了下来。

但是她的心放下了，她从容地在镜子前把自己打扮好，重新上台，她像一只真的天鹅一样翩翩起舞，伴随着剧情里白天鹅的舍命一跃，Nina用生命的代价完成了这场演出。

最后她说她看到了，舞台总监问她看到了什么，她说看到了"完美"，她说："我完美了！"

演员的世界啊，压力！台上一分钟，何止台下十年功。

为什么生活和所谓的成功这么狗血，却还是有人这么乐此不疲？

一个人要成功，的确要付出很多，甚至有的人一生仿佛就是为做成某件事而降到世间的。成功充满了遗憾和辛酸！

不甘于平庸而又无法朝夕得志是痛苦的。人生能有几何？

所以心狠的人必不吝惜非常的手段。

东方不败在日月神教，本来只是风雷堂长老座下一名副香主，通过风雷堂童百熊等的提拔，最后被教主任我行提拔为副教主，原本意欲授予大位，但东方不败却先下手为强，幽禁任我行，篡夺其教主之位。他在位期间习《葵花宝典》，不惜挥刀自宫成就一身绝世武功，自此阴阳颠倒，变得不男不女，成为武林中一个骇人听闻的人物。

残忍也是一种成功的手段，有的人伤害自己，有的人伤害别人。

有一位老板，在创业初期，就表现出其残忍的本性。他的公司刚刚成立，手下有十余名工人，其中，有8人为智障。他在雇用这8个人期间，可谓用尽了残忍手段：让工人吃饭与狗同锅，工资一分钱都不给，干活时将他们当成牛马，工人只要逃跑就会遭受毒打……

成功者就是这个样子吗？

一个行为残忍的人，其内心是邪恶、阴暗的，对他人丝毫不讲感情，不择手段，不计后果，令人不寒而栗。有的人当然可以忍，但是并不意味着所有的人都可以忍，当其残忍到了一定的程度，一定会招到一些人的反抗，那也就意味着他的恶报来了！这叫恶有恶报。

由于其他手段在残忍面前相形失色，所以很多人觉得经过残忍的洗礼后就不会有任何惧怕。实际上，并不是生性凶残好斗，被"秒杀"的人才算接受残忍的洗礼。

比如在一个有人用刀将另一个人残忍捅死的现场，周围那么多的看客，却没有人敢上去阻止。其中可能就会有一个平时胆小懦弱的人在吓坏之余，因为这震撼的一幕而改变他的心理。

有的人过得好时与常人无异，过得不好时便失去人性。

有的人平时和蔼可亲，跟人一起冲突便冲动拔刀，酿成大祸。

小小的孩子，在无知的世界，就会把蚂蚁踩死，将蝴蝶拔了翅膀玩耍……

每个人心里都潜藏着"残忍"的影子。

"让软弱的我们懂得残忍，狠狠面对人生每次寒冷。"周华健的声音温柔得像情人在耳边湿热的吻，带着挠人的痒痒。人就是在一次次受伤害的过程中看到了残忍，学会了残忍。

《大宅门》里的杨九红，终身无法逃脱作为一个窑姐的枷锁。本以为嫁给白七爷就太平了，可是依然被老太太看不起。一生下孩子，女儿就被老太太抱走，不让他们母女见面，以至于女儿佳莉长大后不认她这个母亲。她是怎么做的呢？女儿生下下一代后，她也把孩子抱走，不让她们母女见面。

知道为什么"男戴观音女戴佛"吗？男人多戴观音，是让男人少一些残忍和暴力，多一些像观音一样的慈悲与柔和，自然会得观音保佑平安如意。女士多戴弥勒佛，是让女人少一些嫉妒和小心眼，少说点是非，多一些宽容，要像弥勒菩萨一样肚量广大，自然得到菩萨保佑快乐自在。

妒火有毒，狠毒的毒

《东邪西毒》里有句话：每个人都可以变得狠毒，只要你尝试过什么叫做嫉妒！

刘备兵败新野后，派诸葛亮前往东吴游说，诸葛亮先是舌战群儒，又为吴侯分析天下大势，周瑜看到此人日后必为江东之患，从此每每伺机设计除之。

周瑜先是使出一招借刀杀人计，说曹操把粮草囤积在聚铁山，让诸葛亮领兵去劫粮。其实聚铁山部署周密，若去偷袭无疑是驱羊儿入狼群。此计够狠毒吧。诸葛亮知道周瑜想借曹操之手杀了自己，但他却不推辞，而是整点军马便要出发，还说自己谙熟各种战法何愁功绩不成，只是周瑜只懂水战，没这个能耐。周瑜大怒之下便要自己引军前去，在鲁肃强力阻拦下才作罢。周瑜惊叹：此人见识胜吾十倍，今不除之，后必为我国之祸。

后来周瑜以盟军缺箭为由，着孔明十天内造出十万支箭，心想诸葛亮必不推辞，如果造不出来就按军法论处。孔明说只需三天，并立下了军令状。周瑜暗中吩咐军匠人等故意拖延，凡应用物件都不与齐备，心想有了军令状，到时不能完成任务，就可以光明正大地除掉孔明，亦可去掉世人的非议。此计够狠毒吧?

赤壁之战前夕，周瑜兴致勃勃地视察军情，猛然想起一事未了，口吐鲜血昏倒于地。原来时令正值隆冬季节，多日来连刮北风，若用火攻曹军北岸战船是根本不可能的事情，反而祸及自己。神鬼莫测的诸葛孔明说能为周瑜借来东南风，周都督的病竟然痊愈了。可此时周瑜欲除孔明之心愈加迫切，杀机愈浓。可怕啊，此人不除日后江东定会断送在他手中，我等将会死无葬身之地，周瑜想到此不禁惊出了一身冷汗。于是周瑜决意待孔明在南屏山借成东风之后即刻杀之。不想孔明早就授赵云以密计，驾一叶扁舟接孔明回江夏。

孔明日后会成为东吴大患只是个借口，实则是周郎少年得志，平生自负，没有经历过什么挫折，眼中没有天下人，如今诸葛亮竟然事事都先他一步，棋棋都高他一着，自己便不能狂傲于天下，不用狠招怎么能显出他的厉害？可是狠毒到这个地步都无法把对手干掉，内心将被打击到什么程度？

就像《白雪公主》里的王后，她是仅仅因为有人比她长得漂亮就要狠毒地将人家铲除掉吗？不是。这里的王后有一个特殊的身份，什么特殊身份？天下第二美女！

王后经常对着镜子问："魔镜，魔镜，谁是世界上最美丽的女人？"

"世界最美的女人就是你，王后。"

可是，有一天，当王后再问魔镜同样的问题时，魔镜却回答说："现在白雪公主比你美丽。"

看到了吧。如果比王后美丽的女人还有很多很多，她是不会对白雪公主那么恨之入骨的。可是当前面只有一个人挡着你的路时，一个人会纠结到什么程度，这种纠结又会让一个人狠毒到什么程度？这时候你所有的坏想法都会集中起来对付这个人，而且想尽快解决你的心头之患，手段在你看来也就越重越好。问题是，你真能把对方干掉吗？

公元前208年，刘邦率领沛县子弟兴兵反秦，被拥为沛公。两年后，他攻入咸阳，立为汉王。在接下来的楚汉战争中，他的妻子吕雉成了楚军的俘虏。

受尽折磨和凌辱的吕雉，彻底明白了自己要成为一个什么样的人。刘邦夺取天下之后，吕后先后设计除掉了韩信和彭越，解决了刘邦的心头大患。

公元前195年，刘邦去世，吕后这时四十六七岁。吕后是个刚毅阴狠，不甘雌伏的角色，高祖死后，她独立掌政，满手血腥，杀人如麻。为剪除异己，她毒杀赵王如意，砍断戚夫人手足，挖眼烧耳，给她吃哑药使她变哑，并置之厕中，任其哀号。刘盈不满其母的残忍，弃理朝政，后忧郁病逝。吕雉又立刘恭为帝，临朝称制，行使皇帝职权，为中国皇后专政的第一人。刘恭因为吕后杀死自己母亲而心怀不满，口出怨言，被吕后废掉，改立刘弘为帝。刘邦与其他嫔妃生的儿子刘友、刘恢、刘建，都是被她逼死的。

后来，朱虚侯刘璋和周勃、陈平等先发致人，发动兵变，吕后在惊吓中死去。刘氏皇族集团与吕氏外戚集团进行了一场流血斗争，最终以皇族集团的胜利而告终。

自私的强者，由于一切都是从别人那里抢来的，在打下江山后，最害怕被别人抢去；清醒的强者，由于过往使用太多的狠毒手段，也看透了人性的狠毒，因此在游戏规则中赢得胜利、取得天下、稳住了江山之后，就担心别人心怀不轨！因此，就要表面宣扬和平，暗中为了确保后代的利益，为了未来安定的生活，不想有朝一日遇到高手而成为受害者，他们就要狠下心来对身边的隐患下手。问题是，你能比所有人狠吗？

在对付一个人的时候，千万不要轻易动用狠毒的手段，如果没有达到目的，你也没有办法再在他面前做人。你说是你从他面前消失呢，还是用更狠毒的手段让他从世界上消失？还是让人反过来把你灭了？

不到万不得已，千万不要成为一个狠毒的人。狠毒是为某个目的而生的，绝不会是为更好地生活而生的。每个自私的人，都想用最少的成本来赚取最大的利益！狠毒绝对不是一种经济的方法。

所以要有一点心理承受能力。

你可能最最受不了世界对自己不公平。做人非常低调，却总给人以懦弱的信号；不想做小人，但小人却总能爬到你头上；推崇与人为善，可总被人在背后说坏话；想和别人打成一片，却总融不进别人的圈子；做事再好，却总不如别人的关系好来得有用……

于是你终于明白什么是"人不为己，天诛地灭"。

你可能受过某种刺激而引发了对软弱性格的痛恨，觉得连只鸡都杀不死是干不成大事的，也觉得自己只要狠毒起来就不用再害怕那些狠毒的人；只恨自己道德底线太高，很多事情想做却做不出来……

　　成功有时候确实需要狠一点，因为我们都太想看到自己能成为一个厉害角色，不想在这个凶险的世界里活得担惊受怕。即便不去伤害人，也不愿意被别人伤害。所以各种钩心斗角的后宫剧充斥荧屏，各种你死我活的历史剧不断上演。我们总觉得需要这些东西，只要不会伤害到自己，就乐意欣赏别人的各种凶狠，各种毒辣。歹毒的手段纵然人前遭骂，人后却难免要被人暗暗模仿。毒在你的心里，你要用自己心里的毒来伤害别人，首先你要中毒很深很深！

看不到阳光的地狱腐尸

阴郁的人不喜欢明争，喜欢暗斗！这样的人很多。他们喜怒不形于色，永远不让下人看透他们的内心！

阴郁跟阴险不同，阴险的人玩的只是招式，阴郁的人已经内功深厚了。

我们看到人在被逼到某个份上的时候，有的人会面露杀气，有的人会暴跳如雷，有的人会咬牙切齿，有的人则会阴沉沉的，越来越阴，越来越阴，不知道什么时候刮风，什么时候下雨，什么时候电闪雷鸣……

刮风下雨，电闪雷鸣都不可怕，可怕的是没有这些，只有阴沉沉的天，让你时刻提心吊胆。

蛇什么时候最可怕？盯着你的时候。它既不攻击你，也不绕开你，只是一动不动地盯着你，让你一动不敢动，几乎被吓得窒息。要是一只小猫这么盯着你，你早就一脚把它踢开了。在蛇可怕的面目后面是它更可怕的深不可测。

面对阴险的人，我们一旦发现他的猫腻，可以大骂一声："无耻的阴险小人！"面对阴郁的人，你敢吗？阴险的人给你的是难防的"暗箭"，阴郁的人给你的却是极度的冷静和穿透你内心的险恶，让你为之发寒。

阴郁是一条特殊的成长之路，它通常需要特殊的条件。

古代的太监是很惨的一群人，他们眼前没有广阔的天地，要想出头，只有那条狭窄的必须收紧他们所有眼光焦距的路，他们没有强壮的四肢，没有暴烈的脾气，要想出头就只有针尖一般的眼神和压抑得能够挤出毒液的内心。

他们还要抵御别人的嘲笑，用一张深不可测的脸，让他人笑不出来。

他们还要抵御大臣们的排挤，不得不用最下贱的嘴脸和最深邃的头脑去试探和思考皇帝的内心。

下贱的嘴脸一转身，便不再下贱。在比他们低级别的人面前，他们要用另一种威严进行威慑，这种威严除了阴郁，绝无其他！

太监这种身份无论从哪个角度看都是非人的，身体上的残缺使他们被当做不完整的低贱人，在皇帝面前做事的特殊身份，又让他们成为最接近神的高贵的人。一方面不准干政使他们成为剥夺"政治"权利终身的人，一方面各种错综复杂的关系又让他们置身最凶险的境地。

大部分人都会认为太监之所以那么阴沉是因为身体的改变使他们没有了阳气，从而阴气太重。这只是一方面的原因，君不见那些身体健全的，比太监阴郁的还有的是呢。

所以不要贱不愣登地去欺负一个平时少言寡语，看上去好欺负的人。多数人还能做到郁而不阴，可一旦受到无理的欺负多了就完了，你是无法把他们看得很清楚的，相反他们却可以把你看得很清楚，最后你死都不知道怎么死的。他们最会对付无理欺负过他们的人，也只会对付无理欺负过他们的人。

一个人生理上有表达障碍不要紧，心理上有表达障碍就很不得了。他们不愿意表达，所以看上去内向，没有表达的冲动，所以看上去冷静，不会表达，所以看上去怪异。你对他好一点，他受宠若惊的样子会把你吓到，你对他不好，他一声不吭的样子让你觉得他对你怀恨在心。这种人的心理不好琢磨啊，所以受到了人们的远离。慢慢地他就有了一个自己特有的角落，在那个角落里想他想想的，看他想看的，他会想到很多你想不到的东西，看到许多你看不到的东西。从某个角度说，这样的人在远离我们，而不是我们在远离这样的人。

有的人喜欢静，心中所有的迷茫和冲突，他们都要自己去想明白，他们不想让别人知道自己的心事，身边也没有可以解开他们心结的人。很多时候，他们的内心是脆弱而无助的，他们有时候也想逃离苦海，但又往往不会主动去要求别人的帮助。他们不坏，但内心的斗争会让他们很累很累。一个人太累了，心情就无法绽放，会变得越来越深沉。

对有的人来说，被不被关注一点都不重要，重要的是"存在"。所以很多人从来不现身台前，他们只喜欢在幕后操作。在很多影视剧里，我们会看到所有的阴谋幕后都有一个主使，即使他们现身，出来的时候也总是神秘兮兮的，披着大衣，不把脸露在外面，被一群人守护着，生怕别人看到他的真面目。

喜欢这种阴暗趣味的人不在少数。在《谁动了我的奶酪》中有这样一个故事：小老鼠待在自己的窝里，感觉十分的舒服，一旦出去了以后，就感到十分彷徨，无奈，甚至恐惧，为此，它就不愿意走出去，而这个小窝就成了它的"舒适区"。有些人就特别喜欢待在暗处，让自己成为一只看不见的手。

此类精英一旦修成高手，行事风格与浮躁之人大不相同，你咋咋呼呼七手八脚，他无声无息一步棋就可以把你卡死。更有甚者特别喜欢布局，也特别喜欢研究人性。喜欢在黑暗里把各种人性想得通透，利用他们的各种特点进行玩弄。所以大权术家大都带有阴暗的色彩。

极度自私而软弱的人，他们是滑到阴郁的泥潭里的。

比如在职场里，一个人什么便宜都占，一次两次没事，三次四次没事，很多次之后，周围的人会渐渐疏远他，他不但不会反省，反而会生出怨毒的情绪。他不会大喊大叫，也不会痛哭流涕，而是阴着脸像是别人都欠他钱不还似的，一语不发，双唇紧绷。极度自私就是如此。如果软弱一点，时间一长他就绷不住了，会慢慢消沉下去，见了谁都爱答不理，别人也对他敬而远之。他不是人，是鬼。

最痛苦的是那些大任在肩，有苦不能言，只能呕心沥血的人。他们没有时间去感受一点点快乐，没有时间去好好休息，身边时时刻刻都是一大堆让人操劳担心的事，因心力交瘁而不得不阴郁的人。

雍正即位时的大清朝已是强弩之末，赋税不均，官吏贪污成风，国库空虚。雍正挑起治理天下的重担后，力推新政，革弊除旧，每日工作到子夜。他从康熙手中接过一个烂摊子，传到他儿子乾隆手中时已是一个太平盛世。而他却积劳成疾，倒在御案旁……

人们都说雍正是阴郁冷峻、刚强狠毒的，是什么造成了他复杂多变的个性和矛盾纠葛的内心？是那种"一切以国家社稷为重"、"我不入地狱谁入地狱"的悲壮情怀！是为了江山社稷、黎民百姓，在政敌四伏，杀机隐患、误解骂声中忍辱负重，甘愿"要留下骂名，朕一人承担"的英雄气概！如果你感觉到他内心深处激烈的冲撞，感受到他冷峻漠然的外表下心的躁动，你就会体会到他那无法示人的隐衷中的那份孤独与悲凉……

壳有多硬内心就有多脆弱

一个人要想在极端残酷的瞬间决定生死的战场上存活，首先应该练就的是隐藏自己的感情，没有常人所必需的七情六欲！

勾践初登王位时就遭到吴国来犯，勾践在越国几乎根本没有取胜可能的情况下，急中用狠，让一群死士跑到吴军阵前，一阵狂呼，然后引颈自戕！看到成群结队的越人一个个手起头飞，吴军纵是久经沙场，也不禁军心大乱，越军趁其惊魂未定，一阵猛冲猛打，吴王阖闾受伤而亡，奇迹般取胜！

但这种战法是不可复制的。夫差即位，报仇雪恨，越国大败。按说勾践性格如此凶烈，不拼至一兵一卒安肯罢休？谁知他接受大臣文种的建议，收买吴国太宰伯否，向夫差称臣纳贡求降，他和王后到吴国给夫差为奴做妾。

不可思议！这是一种怎样的无情，一般人怎么可能在短短的时间里转这么大一个弯儿？这种无情绝不是"老子跟你拼了"那么简单，是一定要让对方死的仇恨！即便对手的刀已经砍到了脖子上，他也要想方设法求生！自己绝不能死！

夫差罢兵后，对勾践夫妻极尽羞辱之能。勾践在极度的隐忍中，一面感恩戴德五体投地，在夫差面前毕恭毕敬自称贱臣，一面忍辱负重，用糟蹋自己的方法提醒着自己！也许在他的心里还会想：让折磨来得更猛烈些吧！夫差啊，千万别对我手软，千万不要！

人非草木，孰能无情。勾践显得比夫差的狗还要忠诚，终于打动了夫差，夫差让勾践回越国，勾践竟然还在夫差面前泪流满面，依依不舍。

勾践回国后，睡觉就睡在柴草上，吃饭之前必先尝苦胆，在精神和肉体上不断地折磨自己，卧薪尝胆，励精图治。

与此同时，勾践恭敬事吴，不断贡献美女佳人，珠宝古玩，方物巧匠，以娱夫差，麻痹吴国，消除戒备，迎合夫差求霸之心；导吴国以精兵北入中原，耗损国力；离间吴国君臣，致使吴国忠臣伍子胥被杀；勾践还以越国遭灾百姓挨饿之由不断向吴国借粮，使吴国粮食储备减少，而越国粮草充足。

做完这些，还嫌不够。勾践不惜让一个绝世美女牺牲她的青春爱情，以达到他报复的目的。

苦心人，天不负。勾践终于等来了机会，先后两次攻入吴国，最后围困吴都三年之久，夫差求和不成，投降不允，蒙面自杀而死。

雪耻之后的勾践没有让任何一个曾经和他一起同舟共济、患难与共的人分享他胜利的喜悦。他不仅杀了曾经帮助过他的吴国太宰伯嚭，还杀了自己的功臣文种，范蠡看到这一点也离他而去。

在一个互相灭来灭去的世界里，人会变得不知情为何物。不把别人当人的代价就是，他也不把自己当人了！他可以像牲口一样承受起生命所无法承受的耻辱，面带虚伪和平静的笑容，顽强并且苟且地活下去，哪怕是不顾廉耻毫无尊严地活着，对人性的敬畏不会再存在了。君子报仇十年不晚，有人的确做到了。苦心人，天不负！一个人到了这种地步，天怎么敢负！再负下去，他又要伤害多少人呢？

与此同时，因为勾践这种人的提醒，强大者对失败者和投降者不会再给他们任何翻身的机会，取而代之的是赶尽杀绝，斩草除根，永绝后患，绝不留情！人与人之间不再信任！

这简直就是一个培养杀手的过程！杀手是最讲究无情的。在《赤裸特工》里，在成为真正的杀手之前，所有人要被关在一个跑不出来的笼子里互相厮杀，最后活下来的人才能从笼子里出去。

很多人为了成功，在成功之前就把自己变得心狠手辣，无所畏惧，而且喜欢看一些重口味的东西来激励自己。问题是那些从"笼子"里出来的人，当他们步入社会后，也能一样活下来吗？不要把社会的规则简单地归结为"残酷"，也不要把生存简单地归结为"厮杀"，若如此，你的道行还远远不够！

天下有不知情为何物而无故无情者。所谓"无故无情"就是无情是没有原因的，是一种病。那些感情苍白，麻木世故，野蛮无知，刁钻刻薄之辈，他们不是变得无情，是压根就不知道感情是什么，压根就没有过健全人的感情，何谈珍惜感情，他们的一生都只能这样没有任何感情色彩地过一辈子了。

有些时候，人不是不讲感情，是无法讲感情。要不然诸葛亮斩马谡为什么要"挥泪"呢？军令如山，讲不得个人感情。

吴王阖闾请孙武练兵，从宫中选出几十名宫女交给他训练。孙武让人在现场设置了斫刀和大斧，强调说："如果有人不听从军令，就依法斩首！"谁料众宫女却嘻嘻哈哈地闹个不停。

孙武没有动怒，把军令和操练要求又反复作了讲解，再次强调："如果有人不听军令，是一定要斩首的！"宫女们还是当儿戏，不理会他的命令。这时，孙武宣布："刚才军令和操练要求没有讲清楚，是为将的过错。现在既然已经讲清楚，那就是兵士的过错了！"于是，他下令斩杀担任队长的两个吴王的宠姬。这次，无人敢嬉闹、无人敢不从了。

一定要分清什么时候能讲感情，什么时候没办法讲感情。在大家都公认的无情领域，真的需要把个人感情放到一边，你就必须服从这个规则。

在商场和赛场上，想赢的人都不会感情用事。当你看到哪个人不听众人劝阻，非要豁出去怎么怎么，那八成就要出事。当你在赛场上看到哪支球队气急败坏，沉不住气了，那八成要输。这是成熟人的竞技场，不是毛头小子横冲直撞的无法无天之地。感情不能没有，也不能失去控制。

有一种无情，叫无奈！你是否经历过母亲用严厉的口吻让你去上学，老师恨铁不成钢地把你留在放学后做题，在你不找工作吊儿郎当又向家里和朋友借钱的时候，对方叹一口气说："没有"，谈了几年恋爱因自己混得很惨而主动分手，抑或是为了坚持自己的路而不得不离家出走……

　　有时候成功不夹杂着一些无情，就无法灼痛我们的心，唤出我们赤子的情怀。所以许三多不是在别人的鼓励和宽容下成功的，恰恰是在对他最好的人"故作无情状"才使他走出了失败的阴影。那些对他好的人明白，就算我能对你好，别人也无法对你好，你必须成长起来，在未来那个充满了无情的环境里好好活下去！

　　人为什么无情？因为现实无情！现实无情，让人想有情而不可得。

　　每一个失恋的人都知道"自古多情空余恨，此恨绵绵无绝期"，所有出来闯荡天下的人也都知道"人多情，剑却无情"。

　　也只有人，才能把无情演变成一种意境。无情可以激励人，吸引人的却永远是多情的世界。

　　在成功的路上，多情的剑客手里要握有一把无情的剑。

　　对谁多情？对谁无情？你要不断回答这个问题。

　　用你的心做回答，用你的剑做回答！

　　多情纵然因伤而痛，也胜过无情的无痛可尝。

　　赤子的心中，成功者的凌厉，就是一代剑客留下的背影……

别让你的成功带有阴影

《锦衣卫》里边的玄武有一句台词："当人们看到你成功的光芒，就会忘记你手段的黑暗。"意思是说，只要你成功了，就没有必要为你之前做过的不光彩的事情担心。无论你做过什么，在成功光芒的照耀下都会被掩盖，甚至还可以把这种手段看成是合理的。

为什么？因为成功的光芒太灿烂了。不但可以让别人忘记你手段的黑暗，甚至也可以让你自己忘记。因为成功所得到的东西太多了，足以抵御任何你本应受到的惩罚。

所以到达成功的彼岸才是重要的，在渡河的过程中不管受过什么样的折磨都无所谓，无论伤害过什么样的人也无所谓，这都可以称之为"代价"，不管自己的努力还是别人的牺牲都无所谓，统统是我的铺路石，不管巧取还是豪夺都是我的手段。

有一种说法认为，人都是会干坏事的，不干坏事只是因为有理由。

比如，你不伤害人不是因为你善良，是因为你怕打不过人家或者怕受到法律的制裁，要不然你怎么会为了充饥把一只鸡杀掉吃了呢？因为鸡无法报复你，法律也不会制裁你。

换句话说，如果不是因为别人有报复能力，不是因为有法律的制裁，一个人为了成功，就会毫不犹豫地除掉别人以清除前进道路上的障碍或者把别人的东西据为己有。

所以我们看到，很多人在成功的道路上，都要不断扩大自己的势力，这样你欺负了别人才不怕别人报复。都在玩阴的，动了别人而不让他知道谁干的；都在玩狠的，不让对方有回手之力，都在说"只要不犯法，什么都可以做"，钻法律的空子，在法律的边缘游走，甚至以身试法，更有自以为聪明的人把不合理的事情做得看似合法。

你真的相信，种种理由让你无法做坏事所以你没有成功，别人成功是因为没有你那么多顾忌？那么把你放到一个没有管制的世界，你就会成功吗？算了吧！没准儿你会以比现在更快的速度被别人除掉。强者恒强，弱者恒弱！

一个人缺钱的时候，有钱人的光芒就会射进你的心里，一个人克服不了困难时，强者的光芒就会就让你羡慕不已。只是我们都太渴望直接把他们的财产和能力拿过来，而忽略了他们为了获得那些财产和能力而所做的一切。

压力之下，每个人都躁动不安，强者当道，每个人都心急如焚！

所谓"狼行千里吃肉，狗走千里吃屎"！

没有这样那样的手段，没有这样那样的实力，却有这样那样的欲望，这样那样的压力，所以活得并不快乐；他人的光芒把自己映照得越发渺小，冲动和举步维艰撕裂着你的心；世事如棋你却不是棋盘高手，两手空空，你又怨恨自己的庸碌无为；年岁在增，青春在逝，梦想与现实的鸿沟让你感叹自己何时才是赢家……

放眼世界，大自然的和谐就是靠残酷的食物链来维系的！承认这一点是不是让你很痛苦？于是你以为凶狠一点就变成了狼，其实你根本抵御不了凶狠背后所面临的代价。

一个人想变"黑"是容易的，想通过变黑而强大则是很不成熟的想法，认为只有变黑才能强大根本就是胡扯。

"飞蛾的工业黑化现象"首先在英国被观察到。在威尔士农村的树林里，树上长满浅色的苔藓。在工业革命以前，这里只有一种白色飞蛾，其颜色接近浅色树皮的颜色，不易被鸟类发现。工业革命以后，环境被污染，特别是大气中的二氧化硫，使树上的浅色苔藓减少，树皮呈暗黑色，白色飞蛾容易被鸟类发现而捕食，因此出现了一种黑色飞蛾。工业污染经过治理后，树皮颜色变浅，黑色飞蛾又被白色飞蛾代替。

　　学过进化论的人会认为这些黑蛾子是由那些适应环境的白蛾子进化而来的，由白变黑是向恶劣的环境妥协的代价。其实不是，有人用沾了煤烟成分的树叶喂养桦尺蛾的幼虫，结果白蛾子根本不可能进化成黑蛾子。这就像你在非洲待上一辈子也不会变成黑种人一样，就算你祖祖辈辈在非洲繁衍下去，只要不和黑种人有性行为，你的后代，后代的后代就永远是黄皮肤。经过环境选择作用的适者并没有产生真正的进化。

　　那到底是什么原因产生了这种"白"与"黑"的转换呢？

　　二十世纪五十年代开始，英国昆虫学家做了一系列实验。首先在某个特定的地方放飞一定数量的白色或黑色飞蛾，然后去人工捕捉，发现在工业污染区，白色飞蛾较难生存，在非工业污染区，黑色飞蛾较难生存。如果将两种飞蛾同时放飞，人躲在特制的观察箱内用望远镜观察鸟对飞蛾的捕食，发现在污染区，鸟类吃较多的白色飞蛾；而在非污染区，鸟类吃较多的黑色飞蛾。据此，昆虫学家就得出一个结论：飞蛾的工业黑化是由于树皮上的苔藓提供的颜色保护和鸟类选择性捕食的结果。

　　换句话说，就是"优胜劣汰"。黑蛾子是本来就存在的，它们只不过是从一个不利于它们生存的地方飞到了那个利于它们生存的地方，并快速繁衍。

　　但这个结论很快就被推翻了，问题出在这种实验的方法上。

　　这种实验的方法是，白天将一定数量的飞蛾放飞到野外，到晚上再来捕捉，或者用望远镜监视，来观察飞鸟对白色、黑色飞蛾的选择性捕食。那么他犯了什么错误呢？白天的时候飞蛾都处在昏睡状态，放飞后，它们由于困乏大多没有精力寻找更好的藏身之所，所以落在树干上，以树干为背景，白色飞蛾和黑色飞蛾的颜色差别一目了然，鸟类很容易选择性捕食。但是，事实上，野生状态下的飞蛾大部分都会选择更好的藏身地，栖息在树阴下的小树枝下面，白色飞蛾和黑色飞蛾的颜色差别并不大，它们只是需要进食的时候才来到树干上以上面的苔藓为食。鸟类捕食的时候，选择性的影响也就没有想象中那么强。

　　不久，在其他地区发现的完全不同的情况有力地证明了这一点。比如无污染的农村的黑色飞蛾占有更大比例，欧洲其他的工业污染城市的白色飞蛾并没有发生黑化现象，而且在某些地区还发现了其他颜色的飞蛾等。

也就是说飞蛾的颜色根本就不是"优"和"劣"的标准。

人也是一样，要在这个社会里活下去，为了让社会接受，我们会变成各种各样的人。这个故事就是让你明白，"黑"和"白"决定不了成功，决定成功的是选择适合自己的环境和道路。如果你不幸待在一个不利于自己的环境中，你才不得不把自己"颠倒"。

医学研究发现，糖尿病发病率最高的地区是像俄罗斯、挪威、芬兰、瑞典、丹麦、冰岛、英国等这些高纬度、高寒的国家。在我国东北地区的糖尿病患者在数量上远远大于南方其他地区。为什么呢？因为血糖高不怕冷。当年山东人、山西人、安徽人闯关东的时候，没有很好的取暖设备，就是靠人体血糖的慢慢升高挺过去的，这就为糖尿病的发生埋下了病因。

人只有在适合自己的环境里才会朝有利于自己的一面"进化"，在恶劣的环境中求生存就不得不向残酷的环境妥协，形成一种不好的"基因"。所以，所有那些带有残酷色彩的生存方式，都是不得不向环境妥协的产物。

谁能在一个完全适合自己的环境里舒舒服服地奋斗呢？基本上没有。所以没有百分百"洁白无瑕"的人。每个人都不可避免地是"黑"和"白"的混合，聪明的人都会看到这一点。

"尽管很罕见，但一个人并不是不可能做到既富有又圣洁。"大师对弟子们说。

"怎么样才能做到呢？"有弟子问。

"当黑暗对他心灵的影响等同于那棵竹子的阴影对院子的影响时就可以了。"

弟子们转身去看，阳光把竹子的阴影投在院子里，但院子丝毫没有因为这道影子而破坏它原本的明媚和安详。

抽离五种痛苦相

我们渴求成功的意义就在于想获得快乐！也就是说，一个人很成功，他的脸上必要露出快乐和愉悦的色彩，否则，成功也就失去了其固有的意义和色彩。然而，在现实生活中，我们经常看到一些成功者的脸上则是堆满了无比的痛苦。他们孤独异常，看不到世界的美好在哪里；或者劳碌异常，堪称赚钱机器，被金钱或者名利被动地牵着鼻子走，享受不到任何快乐；或者内心满是恐惧，每天睁开眼就全是盲区，看不到未来的亮点或光彩在哪里；或者内心充满忧虑，每天都为莫须有的事情而愁绪满肠。或者遇事就会顾虑重重，纠结不已，不能立即做出决断，最终只能错失良机……

这是成功者应有的痛苦吗？当然不是！

要知道，相由心生！那些不同凡响的成功者的内心都是积极、乐观，富有激情，而且周身充满奋进的力量的，所以，他们的脸上呈现出的是一层饱满的，冷静、积极、达观、好脾气、面对压力举重若轻，身处乱象而头脑清醒，扎实奋斗让人相信总有一天他会成功，拥有信念就算失败和平凡也很幸福，把事情做到最好让人产生信任……这样的人天生就有一种神秘的吸引力，能吸引能助他向成功迈进的周围的任何积极的事物！

而一个痛苦的人，内心充满了愤怒、烦恼、压抑、忧愁等，所以，他们的脸上也呈现出无比的愤怒、烦恼、压抑、忧愁等等，遇事就慌张、抱怨，爱与人斤斤计较，不懂得宽容和理解，说话尖锐、刻薄……就连周身都散发着阴沉、灰暗、压抑的气息！只要谁走近他，就会不由自主地会被这种痛苦的情绪所渲染，整个人也会被一种阴沉、暗淡的情绪所渲染，就像走进了阴暗的地狱中一样，整个人也顿时变得痛苦起来。于是，人们就不自觉地要远离他，排斥他，没有了周围人的支持和帮助，成功对于他们来说是难上加难！

为此，我们要想获得属于自己的成功，一定要从几种痛苦相中抽身，这样才不至于使身上散发出一种对成功的"排斥力"，才能找到属于自己的成功！

第四章　抽离五种痛苦相

人为什么会痛苦、烦恼、忧虑、布满愁绪呢？许多人都想得到答案，我想你也一定在内心发现类似的呐喊！在追求成功的道路上，每个人都有压力，压力一方面来自于生存向我们的索取，另一方面产生于自己的内心。其实，在任何情况下，没有事物能令我们痛苦，除了我们自己的内心。我们要从孤独、劳碌、恐惧、忧虑、矛盾等痛苦相中抽身，最重要的就是要净化自己的内心，如果你的内心不为任何事情而烦忧，那么没有任何情情能够使你陷入痛苦！

世界的美好在哪里

孤独的人是被憋死的！

你活到如今，也许会说，孤独并没有什么可怕的，谁还没有孤独过啊。

其实你并不明白真正的孤独是什么。

如果孤独仅仅是很晚下班后独自坐车回家，礼拜天没人陪你逛街，有烦恼时没有倾诉对象之类的，就没有必要劝你从孤独里走出来。

人人都可能有孤独的时候，短暂的和注定会过去的孤独并不可怕，可怕的是：

在你眼里人人都比你强，因找不到任何自信而孤独，自暴自弃不敢有任何追求；这个世界没有任何吸引你的东西，你因厌世而孤独，没有丝毫奋斗的激情；糊里糊涂，误入孤独的世界而不自知，找不到任何病因地抓狂；忙忙碌碌，没时间整理自己的内心，在孤独的痛苦中艰难前行；为了成功，不惜与孤独为伍，即便再痛苦，也不敢动逃离孤独的奢望之心；被成功者中的不成熟现象误导，觉得人就应该承受孤独；求成功心切，自己跟自己过不去，自虐式地为达成功强孤独；没有看到隐藏在成功后面的趋势，直至走进深寒的冰窟无法自拔……

在全国的儿童中，孤独症患者已经成为一个相当庞大的群体，很多独生子女由于家长的过度保护，生活范围的过度狭小，身心得到锻炼的机会严重不足。孩子在家里"称王称霸"，在公共场所却"胆小如鼠"。社会交往障碍使他们的未来让人忧心，甚至深度患者已无法成为一个真正的社会人。他们既难以适应群体生活，又难以独自生活，更没有独来独往的魄力。

孤独就是这样，既无法融进人群，又不愿意自己待着，太痛苦了！

所以千万不要轻易相信孤独是由自己的性格造成的，这绝对不是我们所说的"自闭症"。他们并不愿意把自己关起来，他们向往外面的世界，只是被迫封闭，内心的需要长期得不到满足，这就是"孤独"。孤独的人内心有冲动，自闭的人内心是没有冲动的。你有没有听说过一种既不愿意待在人群里又不愿意独处的性格？

性格是一种在没有外界干扰的情况下自己愿意保持的一种精神状态。自闭的孩子大都是因为钻研性的性格，这样的人长大了可能从事数学、物理、化学、文学、艺术等方面的工作，孤独症的孩子则不同，他们是内心性格得不到延伸，所以长大以后除了简单的工作什么都干不了。这叫"原始性孤独"，从小就在一个令人孤独的环境里长大。

人步入社会无异于另一次降生，孤独症同样可以在这个时候养成。

没有自信又没有人帮助的人是孤独的；不善言谈，不善表达，交不到朋友的人是孤独的；洁身自好，不懂得"同流合污"而受到排挤的人是孤独的；想干一番事业却没有战友并肩而行的人是孤独的……

总之，内心最本能的渴望一开始就得不到延伸，你就可能成为原始性孤独。

如果你在社会上闯荡的旅程一开始就是一种孤独的状态，你就千万要警醒自己。如果在现实中，这种孤独看不到尽头，你千万要换一种方式坚持。如果在奋斗的过程中这种孤独让你痛苦不堪，你又无法很快逃离，千万要给自己一个盼头并尽快逃离。

等待环境改变是拯救原始性孤独最可悲的方法，向着新的环境走去才是唯一的办法。

走向新环境你会遇到"强迫性孤独"，是由一个本来不孤独的环境突然转换到一个孤独环境形成的不适应状况。

所以很多人感到孤独，是从他离开自己的家，出门奋斗的那一天开始的！

"离家的孩子，流浪在外面，没有那好衣裳也没有好烟，好不容易找份工作辛勤地把活干，心里头淌着泪我脸上流着汗……"

受着这样的委屈，就难免"想起了远方的爹娘泪流满面"了。

初到异乡闯荡，从一个自己曾经依赖和熟悉的环境转换到另一个陌生的环境，你就不知道该怎么办，慢慢混得很好很舒服了，孤独感也就没了，也就不想家了。如果你努力适应了很久，却怎么也适应不了，这时候千万要停下来。

20世纪50年代时，美国曾做过一项孤独实验。测试对象是一批雇来的学生。

实验开始，为了制造出极端的孤独状态，实验者将这些学生关在有隔音装置的小房间里，让他们戴上半透明的护目镜，以尽可能地减少视觉刺激。接着，又让他们戴上木棉手套，并在他们的袖口处套上了一个长长的圆筒。为了限制各种触觉刺激，实验者在每个测试对象的头下垫上一个充气胶枕。除了进餐和排泄以外，测试对象必须24小时都躺在床上，这样，测试对象便会进入一种所有感觉都被剥夺的状态。

结果，尽管参加测试的报酬很高，却几乎没人能在这项孤独实验中坚持3天以上。据说，到第4天时，测试对象会出现双手发抖，不能笔直走路，应答速度迟缓，对疼痛敏感及出现幻觉等症状。

对测试对象来说，最初的8小时好歹还能撑住，之后，就有人吹起了口哨或者自言自语，表现出烦躁不安。在这种状态下，即使实验结束后让他做一些简单的事情，他也会频频出错，精神无法集中。据说，实验后要3天以上的时间，才能恢复原来的状态。

在这项实验里，你会发现，人被突然限制到一个不知道怎么去适应的孤独环境里，是坚持不了多久的，你越强迫自己适应就越不适应。

比如上学的时候，平时贪玩的同学临考前逼自己复习，不打球，不看电视，不看闲书，可是越强迫自己看书就越看不下去。

所以强迫自己适应孤独是有一个限度的，超过这个限度就会适得其反。

最孤独的时候莫过于你渴望找到最好的你却找不到。明天就要考试了，那个能够静下心来看书的自己却不出现；一大堆工作摆在面前，那个能把这一切搞定的自己却不出现；面对生活的压力，你却不是那个风生水起、左右逢源的自己……

现在的你不是心目中渴望看到的自己，你在失败的自己面前感到无助的孤独！

这种孤独可以掩饰，但不会消除，即便掩饰得再好。

所以有条件的人会想方设法延伸。

我们看到古代那些世家子弟会养一帮闲客，供他排解深宅大院的无聊。一旦自己失势，那帮狐朋狗友也会离开他，这才发现自己始终是孤独的。

大学里我们可以看到某些家里有钱的少爷们因为没有朋友，会三天两头请这个吃饭，请那个吃饭，找机会跟人接触，想方设法让人陪他多说说话，一起玩的时候带上他。

他们何尝不知道这些表面上的热闹都是靠钱维持的，明明知道完全借助于外界消除孤独是不行的，也只能排遣一时算一时。

这样的人怎么能够踏踏实实去奋斗呢？会花很多精力去弥补比别人少的那部分残缺。

一个人可以因强大而变得孤独，绝不可能因孤独而变得强大。

有人说，孤独是王者独有的一个状态，因为他们的思想太过超前或太过高深而不能使人接受，所以他们必须要忍受孤独。在孤独中他们的思想是自由的，他们也只有在孤独中才能安静下来，才会理智地面对周围的世界，才能向更深层的成功迈进！

稚嫩的我们曾执拗地抗拒孤独，直到我们在太多的成功者身上看到孤独，知道一个人与孤独为伴不是一种无能，我们便接受了孤独，甚至向往孤独。

有时候我们因为孤独，选择了某些东西，有时候我们因为选择了某些东西，从此变得孤独！

看不到尽头的被动

劳碌的人是被忙死的！

劳碌太痛苦了，没完没了的劳碌就更痛苦，被迫没完没了地劳碌是痛苦中的痛苦。

这里说的"劳碌"和天道酬勤的"勤"完全是两码事。"勤"是为了一个能够吸引你的目标孜孜不倦地努力，而劳碌则呈现出以下狰狞的面目。

第一，在收入既定的前提下，雇用方总希望你干的活越多越好。大多数人被各种命令和指示支配着，微薄的收入换来的可能是一整天都在忙碌之中度过。下班之后休息和放松的需要往往大于你为未来整理思路的需要，静下来思考人生方向在客观上已经形成障碍，如果生活压力使这种忙碌不能停下，你便会认可现实，适应现实，使其突破的可能性也越来越小。

第二，比起挑战未知和种种冒险的生存方式，劳碌地度过无灾无难的一生更能为普通人所接受。随"现实"逐流，是让脆弱的心得以安宁的法宝，劳碌是让无力的心得以充实的手段。年轻人但凡有机会便会出去闯一闯，不愿意一开始就成为劳苦大众中的一员，但很多人最后都要回归这种生活。四处碰壁，前途无望后，理想往往变成一个不是那么迫切需要拯救的对象，平凡劳碌的生活得以接受和认可。

第三，有些人对理想的选择能力不强，谋划组织能力有限，偏偏做事的能力超强。

我们经常看到身兼数职的超人，日程安排表上每天都密密麻麻地写满了必须要做的事宜，一起床就开始按照日程表忙碌地开始一天的生活。他们无法接受在自己精力旺盛的时候原地踏步，更无法接受收入不高对自己造成的心理上的威胁。

每天都在为钱财而不停地劳碌；始终不能以自我为中心地去生活，而是以各种工作为中心忙得团团转；平时的生活太过紧张，总是认为只要停下来，一切就会打乱，一闲下来就会感到焦躁不安！全身像上了发条一样，看似主宰自己却反而被主宰，为了不在奋斗中跌倒他们不敢有丝毫的松懈。

第四，我们的劳动能力会变得越来越差，不得不把未来的压力都放到当前来透支。现在能多干点就多干点，能多赚点就多赚点，以后就不用这么累了，这是很多人的想法。问题是很少人能真正变得在以后"不累"。"以后不累"只是一个虚拟驱动，无数的"现在"从来没有变成"未来"，无数的"未来"都变成了"现在"。

第五，热锅上的蚂蚁，停下来就死，要活着就得不停地倒脚。

有一位樵夫上山砍柴不慎跌落山崖之下，情急之中他抓住了悬在半山腰的一根横出的树干，命是暂时保住了，但他却被吊在半空中，身处在光秃秃的悬崖之上，他要抓住每一个向上爬的机会，下面就是万丈深渊，稍不留神就有粉身碎骨的危险。

现代的许多忙碌者与樵夫是相同的，他们总是进退两难，争取和放弃都同样痛苦。放眼生活，我们的种种追求不是在享受狮子追逐兔子的快感，而是在茫茫世界寻找食物的焦灼。所谓"食物"就是"生机"，寻找生机的过程远远要比捕捉生机来得辛苦和漫长。

这些都可以成为"劳碌之锁"。只要你不是心甘情愿地忙，又每天忙个不停，你就陷入了被动。一位作家在自己的作品中说："我们的生活已经太过复杂了。在我们的历史进程中，从来没有像我们今天这个时代拥有如此多的东西。这些年来，我们一直被外在太多的物欲诱导着，我们误以为自己只要努力就一定会拥有一切东西，但是，这些东西事实上却使我们沉溺其中并且心烦意乱，因为它们使我们失去了创造力。与其这样忍受折磨，不如舍弃这些东西，给自己的心灵腾出时间来休个假，这样才能使我们的创造力永远旺盛。"

"忙者"和"强者"的区别就是，前者面对对手会挥拳如雨，拳打脚踢，把吃奶劲使出来，用最野蛮的方式把人打倒，而后者经过某种训练，一拳就可以使人致命。

老张和老王都承包了一块地。老张立即去买了种子化肥，在地里忙碌了起来，而老王则是先花时间去学习各种农业知识。一年以后，老张收获了庄稼，老王的地里什么也没有。第二年，老张收获着和前一年同样的收成，而老王的收成却是他的两倍。第三年，老张更加忙碌，但收成还是一样，老王的收成则成了他的三倍。

所以吃技术饭的人只是在练就技能的时候辛苦，而吃体力饭的人则是辛苦一辈子。

同样是忙，无为者和有为者的区别在于，前者忙着做事，后者忙着看路。

艾伦·莱恩是在年轻时继承了伯父的事业，出任了希德出版社的董事。当莱恩在一个候车室旁的书摊上漫无目的地扫视时，他发现书摊上除了高价新版书、庸俗读物外，几乎没什么可看之书。过了一段时间他又去观察，发现这两种书的品种和数量又有所增加，而其他类型的书还是一片空白。

他坚定地说："要想赚大钱，出版价格低廉的平装书是个好办法。"他坚信这个办法能够成功，因为精装书价格很贵，一般老百姓根本买不起。

他的想法招来一片反对声，有人说这是自取灭亡，有人说这会严重影响整个图书界。莱恩认定这个办法是他的企业走出困境的唯一出路，所以他毫不动摇。

1935年7月，第一批10卷本《企鹅丛书》正式问世，在不到半年的时间里，这套书就销售了10万册，莱恩成功了。1936年元旦，希德出版社改名为企鹅图书公司。它坚持薄利多销、为大众服务的原则，因此能垄断英国平装书市场20多年。

同样是忙，有追求和没追求的区别在于，前者走了成千上万步还在原点，后者迈的步数也许还没有前者多，但他却登上了珠穆朗玛峰。

话说唐僧取经所骑的白马在完成使命后回到了长安，在某个磨坊见到了它的驴子朋友。老马谈起这次旅途的经历：浩瀚无垠的沙漠、高耸入云的山岭、莽莽苍苍的森林、神奇的国度……那些神话般的境界让驴听了大为惊异。驴子惊叹道："你有这么丰富的见闻呀！那么遥远的道路，我连想都不敢想。"

白马说："其实我们跨过的距离是大体相等的，当我向西域前进的时候，你一步也没停止，不同的是我与玄奘大师有一个遥远的目标，朝着始终如一的方向前进，所以我们打开了一个广阔的世界。而你被蒙住了眼睛，一生就围着磨盘打转，所以永远也走不出这个狭隘的天地。"

这就是区别。那头驴子不如白马辛苦吗？它的汗水都洒在一个小小的圆圈里了，它一辈子不但没有看到外面美丽的风景，也没有取得可以和白马相比的成功。

同样是忙，成功者和失败者的区别是，前者把勤奋用在开发自己的天赋和潜力上，后者把辛苦用在埋没自己的天赋和潜力上。

人们常问："天分和勤奋哪个更重要？"有的人说"天分"重要，有的人说"勤奋"重要，聪明的人说："用勤奋让自己的天赋越来越有优势最重要。"

《伤仲永》告诉我们一个重视天分不重视勤奋者的悲剧，现在的"高分低能"让我们从过度的勤奋中看到忽视天赋培养的悲哀，从郎朗、丁俊晖的特例上我们才看到被天赋所吸引的勤奋以及被勤奋所扩大的天分是怎样造就一个人的光芒。

睁开眼全是盲区

恐惧的人是被吓死的!

上学的时候,早上起来一睁眼,天啊,闹铃没响,睡过了! 你是什么心情? 是不是感觉天都塌了? 你敢一个人去上学吗? 这时候谈不上断送你的前程,也谈不上你要付出什么重大的代价,你为什么如此恐惧? 问问自己,在你长大以后,有多少事能超出当时那种恐惧的程度? 你细细数来,可能真的没有多少比这更让人恐惧的事。你觉不觉得奇怪?

这就是"敬畏之心"的威力!

我们在刚进入一家自己期待已久的公司时,可以清楚地感觉到这种敬畏之心,不敢迟到,不敢说错一句话,不敢做一件草率的事。在某个人一句话就可以让我们渡过难关的时候,也可以清楚地感觉到这种敬畏之心,小心翼翼地看着对方的脸色,生怕他一不高兴事情就出现变数。

当你完全属于某个东西或把自己完全交给某个东西的时候,敬畏之心是最为严重的。在这种奇特的心理之下,最让你恐惧的事情就是某种微小的闪失。

契诃夫在《一个公务员之死》里讲过这样一个故事:在一个美好的夜晚,一个公务员在歌剧院欣赏歌剧,突然忍不住打了个喷嚏,当他回过神来的时候,发现前面一个秃顶的男人正在用手帕擦拭他的脑袋,他顿时吓得魂不附体,因为这个人是将军大人。他小心翼翼地向将军道歉,将军表示对此并不在意,但他还是心绪不宁。演出结束后他又向将军道歉,将军觉得他很可笑。回到家,他把事情告诉了他的妻子,妻子也觉得事情闹大了,于是他决定明天去将军家里再次道歉。将军正在会客,一直等到最后一位客人离开,这个人都默默等在那里。当他又把道歉那一套拿出来的时候，将军不耐烦地进屋了。他一晚上没睡好觉，第二天又来到将军家，将军终于受不了了，把他赶了出来。他失魂落魄地回到家，越想越害怕，倒在沙发上，最后竟然就这样被吓死了。

小人物的命运就是如此，他们生活在大人物的权力之下，大人物是他们的"保护神"，同时，一不小心得罪了他们，大人物也会变成他们的"破坏神"。小人物敬畏大人物，大人物敬畏更大的人物，更大的人物敬畏万能的上帝。只有那些觉得连上帝都没法罩着自己的人，才会转而相信强大的自己。

在你的人生中，只要你感觉自己弱小，就总有这种恐惧在等着你。

等着恐惧向你走来是可怕的，你向恐惧走去，反而会减弱内心的折磨。

医学科学家乔纳斯·索尔克博士经过201次实验后，终于发现了脊髓灰质炎（俗称小儿麻痹症）的疫苗，结束了这一病症对人类的肆意蹂躏。有一次人们问他："你取得了如此卓越的成就，彻底结束了脊髓灰质炎对人类的肆虐，取得这样的成就后，你是怎么看待先前的200次失败的？"索尔克博士这样回答："我这一生中从来没有经历过200次失败。我的字典里也没有'失败'这个词。我是在一如既往地做一项工作，这项工作包括前200次的实验和第201次的发现。没有前200次的学习，我不可能得到这样的结果。"

所以，虱子多的人不怕痒，在一个单位里，敢于犯错误的人往往比谨小慎微的人能混得开，不信命的人往往比一个信命的人更容易成功。

不敢向恐惧走去的人，是一个没用的人。一个认为自己没用的人，无时无刻不在经受恐惧的折磨。

一位送奶工在公司倒闭后失去了工作，他像遭了五雷轰顶，因为他不知道自己除了给人送牛奶还能做什么！几十年的送奶工作，让他几乎与世隔绝，对他来说，其人生的主要意义就在于每天踩着点在熟悉的道路上给那几家固定的客户送牛奶！

他现在得重新找份工作，但是他不敢去面试。

"你不去我们一家人就只有等死的份！"妻子说。

他一声不吭，皱着眉头踱来踱去。

"你就当这是一次被枪顶着脑袋毫无退路的生存机会，你必须要去试试！"妻子说。

"可是我没有被枪顶着脑袋啊。"他说。

"你想让周围的人都瞧不起你，是吗？你还有尊严吗？"

"可我就是不敢啊，我就是不敢！"他急得快崩溃了。

"现在不要你非得成功，只要你能够自信大胆地站在面试官的面前，大胆地展现你的才能，成不成功没关系，行吗？"

他犹豫了半天，还是提不起勇气。妻子不得已让他吃了一些镇定性的药品，他终于鼓起勇气去面试了，鼓起这种勇气的方法是"对什么都不在乎"。可是在看到面试官的那一刹那，他尿了裤子。

你见过对世界恐惧到这种程度的人吗？什么鼓励都没用，什么场面都不能见。

对外界充满恐惧的人待在一个自我的小环境中，在某种程度上，他们是与外界隔绝的。他们最爱待的地方就是在自己的卧室中与伴侣共同欣赏电影，一旦让他们面对外界的多变的时候，他们面对的就都是盲区，就变成了痛苦的缩头乌龟。

当一个人深深感到自己没有用，他就是这样。面对恐惧，并不是你表现的对什么都不在乎就能把恐惧掩盖。要想真正克服对这个世界的恐惧，首先要克服的就是你面对这个世界时的无知态度。

一个人无法面对自己，就无法面对恐惧，这个世界可不可怕并不要紧，要紧的是它在你眼里到底可不可怕。为了排除恐惧，无知的人会相信除了自己之外的任何人。比如考场上什么都不会的人，是个人的答案他就敢抄，对挣钱一无所知的人是个人给你支招你就敢信。

人不是在恐惧中失去力量，就是在恐惧中获得力量。

一个人掉到了一个大坑里，怎么爬也爬不上来，天慢慢黑了，他的心里越来越害怕。在坑里又试了几次之后，他确认自己根本无法爬上去。于是想坐下来等天明再说。可就在这时，从他身后有个东西突然钻了出来，他吓得起身就跑，三下两下就从坑里逃出去了。回过神来的他往坑里一看，原来是一只田鼠。

一场残酷的战争，可以完完全全地改变一个人的命运！克服对一件事情的恐惧，有时候需要更恐惧的事情出现，这样才能刺激更好的自己出现。

韦尔奇刚刚进入公司，自以为专业知识和能力很扎实，所以对待工作也很随意。有一天，老板交给他一项任务：为一家知名企业做广告策划方案。由于这件事情是老板亲自交代的，韦尔奇自然丝毫不敢懈怠。一个月后，他拿着自己设计的方案走进了老板的办公室，毕恭毕敬地放在老板的办公桌上。

谁知老板只是随便地看了看，说："这就是你能做的最好方案吗？"

韦尔奇一愣，没敢吱声，什么也没说，拿起方案，走回了自己的办公室。

韦尔奇绞尽脑汁，思考了好几天，修改后交到老板面前，老板还是那句话："这就是你能做的最好方案吗？"

第一次老板这样说的时候，他只想好好改改一定就没问题了。而第二次，老板又这样说的时候，韦尔奇似乎听到了一种轻视和不满的声音，但是他没有说什么，又拿着方案回到了自己办公室，暗暗下决心一定要拿出一个最好的来。

这样反复了四五次。最后一次的时候，韦尔奇充满自信地说："是的，我认为这是最好的方案。"果然，方案被批准通过了。

这次经历之后，韦尔奇感叹地说："不要惧怕老板的不满，更不要惧怕要求的苛刻，只要努力地不断改进，不断完善，就一定能做得最好。"

这就叫"恐而不慌，惧而不馁"！

难以寻回的安全感

忧虑的人是被愁死的！

你摆脱不了忧虑，有时候是因为你想得太多。

比如一个人从想去大城市闯荡那一天开始，他就眉头紧锁，想象着各种可能发生的情况，下了火车出不了站怎么办，朋友太忙不能陪我怎么办，如果一直找不到工作能坚持多久，甚至想到了在路上丢了钱怎么办，连想家了怎么办都考虑在内，累不累啊。

大学毕业，大家都想着找工作。小王面对一家不错的公司心里在为投不投简历犯愁。万一发出去让我去面试呢？万一我穿的衣服不合适呢？万一面试的时候回答不出问题呢？就算面试通过了，万一在公司胜任不了那份工作，干了几天被辞退呢？那就浪费时间了，还不如找一个更加稳妥的……

第一次找工作就是这样，最紧张，想得也最多，导致最后下不了决心。最后小王还是进入了那家公司，那些还没有勇气找工作的同学对他羡慕不已，问他当时是怎么下定决心的，他说："那天晚上我想了很久，最后不想了，也幸亏后来没想那么多，要想那么多的话也许就去不了了。"

这种"忧虑"和"凡事作最坏的打算"完全是两码事。"作最坏的打算"是在自己能做的事情都做过之后，对不能控制的意外所做出的思想准备，这种"忧虑"是不去把自己能做的事做完就开始在那里胡思乱想。

你摆脱不了忧虑，有时候是因为你想得太高。

杰克刚刚从洛杉矶一所著名的大学毕业，他每天都想着如何一举成名，而且还想了很多方法，但是从来没有认真地做过一件事情。

　　他每天只是执著于自己的空想之中，两年过去了，还是一点成效也没有。为此，他极为烦恼，也极为焦虑，甚至痛苦不堪！

　　他的舅舅斯蒂文是当地一位有名的小说家，杰克便去请教他是如何出名的！

　　他向大师说道："我每天都在想如何成名，想了很多办法，但是两年过去了为何一点成效也没有呢？"斯蒂文非常了解他的心理，就问他："你是否真的很想出名呢？"

　　"当然，我连做梦都想着如何成名！我甚至为此感到痛苦万分！"杰克忙不迭地回答。

　　"等你死后，你很快就会出名了呀！"斯蒂文不慌不忙地说。

　　"为什么我要等到死了以后才会出名呀？"杰克吃惊地问道。

　　斯蒂文告诉他说："因为你一直想拥有一座高楼，可是从来没有动手去建造这座高楼。所以，你一辈子都只能生活在空想之中，你的每一个举动都充满了忧虑，你害怕失败，所以你总是感到很不安，你做什么都感到有危险，所以你迟迟不敢行动！等你死后，人们一定会经常提起你，以告诫那些只会做白日梦、不肯动手去做事的人，如此一来，你就可以名扬天下了！"

　　这种对理想的"忧虑"和"不得志"是不一样的。"不得志"是你去努力了没有实现，这种"忧虑"是你什么都没做，看着梦想一点一点变得渺茫而着急。

　　很多时候你摆脱不了忧虑，是因为你想得太远。

　　一个人去找人算了一次命，算命的说你今年流年大利，只是在年底会破财。这个人回去后就老是想会是什么导致他年底破财。老婆要跟我离婚分财产？某个人生病需要高额的医疗费？还是年底小偷猖狂的时候会丢什么贵重物品？也许是什么血光之灾也说不定，要不就是被骗子盯上让人给坑了，哦对了，不能让老婆再打麻将了，也不能让她再炒股了，等等，我最近身体不太舒服，是不是到时候会大病一场？不对不对，家里的下水道老是出问题，会不会到时候发水把楼下给淹了？孩子搞对象了，没准他那个女朋友会有问题……

他想啊想，到底会是怎么一回事呢？

这种"忧虑"根本不是"危机预测"，而是"危机恐慌"，这对应对未来的危机毫无用处。

你摆脱不了忧虑，有时候是因为你想得太深。

刘备在取西川的时候就遇到这个问题。他要取西川，要光明正大，要使天下人可以信服。他不愿意听诸葛亮和庞统他们的话，一入川就把刘璋杀了，但他毕竟也是刘备的同宗兄弟。兄弟相残是一个天大的笑话，不会被人所理解。法正劝他说："刘璋暗弱，不能用贤能者。益州乃是天府之国，人人都欲取之。如今刘皇叔如果不去取，迟早会被他人所取。再者，如果刘皇叔取了西川后，不必寄居于他处而伤感。然而以西川险恶之地为根据，再取许都以及江东。如此一来，汉室可兴，霸业可图。望刘皇叔不必推却。"

刘备拱手相谢曰："还是先让我想一想吧！"刘备自己一个人在那里沉思，不知道如何是好。西川是一个好地方，他想取，可惜，刘璋却是他的同宗兄弟……名声啊名声！

这种"忧虑"和"追求完美"是两个概念，"追求完美"是尽自己的力把所有的可能性都变成现实，这种"忧虑"是做一件事手段要尽可能完美。

你摆脱不了忧虑，有时候是因为你想得太细。

一个人刚步入社会，就给自己整理出一份"人生规划书"，里面充斥着五大前提、八条原则、六步实施、十年大计、五年计划、三年计划、明年计划、下月计划、下周计划、明日计划、分段实施、计划具体化、行动准则、客观研究、主观分析、价值依据、可行性、合理规划、知识渐进、实践培养、利益整合、未来职位、岗位创造、时间坐标、发展创新、自我实现、效果保证、持续性研究、评估反馈……这样的词语，该计划书厚达74页之多。

写完了这份计划书，他还是不敢开始行动，总觉得哪里写得不明白，不完整，不合理，一想到以后某个步骤可能出问题，他就心烦意乱，一想到很多事可能达不到自己的预期，他就很不开心、很沮丧，这样弄得自己很累……

忧虑不是短暂性的心情烦乱，它是一种精神自虐症，它过多地强迫自己看到事情不好的一面。

有时候，一个人内心如果充满忧虑，不是现实太过残酷，而是其对自己太过残酷！

有位老太太有两个女儿，大女儿嫁给了一个卖伞的生意人，二女儿在染坊工作。这使这位母亲天天忧愁。天晴了，她担心大女儿的伞卖不出去；天阴了，她又忧伤二女儿染坊里的衣服晾不干。她这样晴天也愁阴天也愁，不多久就白了头。一天，一位远房亲友来看她，惊讶她的衰老，问其缘由，不觉好笑，那亲友说：阴天你大女儿的伞好卖，你高兴才是；晴天你二女儿染坊生意好也该高兴才是。这样你每天都有快乐的事，天天是好日子，你干吗不挑高兴的事反挑忧愁的事呢？老妈妈换个角度想：言之有理！

忧虑的人大多是悲观的，他们看待问题的思路是"凡事有利必有弊"，他们认为担忧可以提前承受未来遇到的痛苦，其实是在提前腐蚀未来的希望，他们必须先从相反的"凡事有弊必有利"这句话开始练起，把他们丰富的想象力用对地方，否则他们无法面对强大的未来。

进退两难的纠结

矛盾的人是被纠结死的!

美国前总统里根小时候需要一双新鞋,他来到一家鞋店。鞋匠问他:"你是要做方头鞋还是圆头鞋?"里根被问住了,他确实不知道自己到底适合穿什么样的鞋。他想了半天还是没有答案,鞋匠看他犹豫不定,就让他回去好好考虑考虑,决定了再来告诉他。几天过去了,鞋匠在街上碰见了里根,又问起鞋子的事,里根仍然说不出自己想要哪个样式。最后鞋匠对他说:"好吧,我知道该怎么做了,两天后你来取鞋。"

里根莫名其妙。两天后他来到了鞋店,鞋匠把一双做好的新鞋递到了他面前。里根仔细一看,发现这双鞋子,一只是方头的,一只是圆头的。他不解地望着鞋匠,不知道对方是什么意思。鞋匠看到他纳闷的样子,对他说:"你几天都拿不定主意,当然就由我来作这个决定喽。这是给你一个教训。尝试着尽快作决定吧,让人家帮你作决定你永远得不到自己想要的,这双鞋子就是告诉你让别人作决定的后果。"里根后来常说:"就是从那以后,我才知道自己的生活要自己做主!"

能够自己作决定,是一个人成熟的表现。能够自己作决定,也是一个人的幸运。如果你有这种幸运,请你珍惜,把决定权掌握在自己手里。这是态度问题。

有了态度能让你自己作决定,有了能力才能让你作对决定,直至在最关键的时刻作对决定。不听别人意见,一意孤行,是自己作决定,善于听取别人意见,集思广益,也是自己作决定,但结果截然不同。关键时刻,继续是一种决定,放弃也是一种决定,能力不同选择也不同。

有些人并没有什么矛盾的性格,但经常遇到让人矛盾的事,平时雷厉风行，一到关键时刻就下不了决心，这都是能力问题。

有了能力能让你作出高难度的决定，有了智慧才能远离那些根本解不开的矛盾。

金庸在《雪山飞狐》的结尾写道："胡斐举起树刀，一招就能将他劈下岩去，但想起曾答应过苗若兰，决不能伤她父亲。然而若不劈他，容他将一招'提撩剑白鹤舒翅'使全了，自己非死不可，难道为了相饶对方，竟白白送了自己性命么？霎时之间，他心中转过了千百个念头：这人曾害死自己父母，教自己一生孤苦，可是他豪气干云，是个大大的英雄豪杰，又是自己意中人的生父，按理这一刀不该劈将下去；但若不劈，自己决无活命之望，自己甫当壮年，岂肯便死？倘若杀了他吧，回头怎能有脸去见苗若兰？要是终生避开她不再相见，这一生活在世上，心中痛苦，生不如死。那时胡斐万分为难，实不知这一刀该当劈是不劈。他不愿伤了对方，却又不愿赔上自己性命。他若不是侠烈忠义之士，这一刀自然劈了下去，更无踌躇。但一个人再慷慨豪迈，却也不能轻易把自己性命送了。当此之际，要下这决断实是千难万难……他这一刀到底劈下去还是不劈？"

这个结怎么解？无解！所以你若是个聪明的人，就千万不要陷入这种境地，千万不要！

有时候，人在生活中扮演的角色和他内心会形成激烈的冲突。

有一位心理学博士，在一家著名的心理学研究中心工作，他每天做的工作就是用各种工具虐待白鼠或者鸽子、猴子等动物，然后回去写动物心理报告。这个职位是他费尽心机经过层层选拔从几十位高智商的博士那里争取来的，而他的职位也让周围的家人和朋友们羡慕万分，都认为他是一个"成功人士"！

然而，这对他来说，这却是一段噩梦一般的时光，他每天都感到痛苦万分。他知道，自己苦苦读了几十年的书，整天做着那些令人作呕的事情。他曾经不止一次对自己说："这不是我想要的，我要尽快地逃出去！"这种想法每天都在他脑海中盘旋、壮大，他甚至感觉自己都要死了！如果不能够摆脱这些不快，自己肯定活不了几年。

有一次，周围的朋友看到他脸色不好，惊讶地问他是不是生病了，听完他的诉苦后，朋友劝他换份工作。他迟迟作不了决定，迈不动脚步离开那里！如果他辞去那份工作，所有人都会认为他是傻子或者是笨蛋！

明明是令人苦闷的工作，一大堆违背心意的事情，却没有办法另寻他途。他们的理想已经被现实绑架了，事情在推着他们往前走，决定权从他们手中脱逃了！那些烦琐而无意义的烦恼是他们那些内心真正想要的吗？不，绝对不是！可是他们就像是感染了麻木的病毒一样，在相当长的一段时间，甚至一生都在重复这种"华而不实"的人生程序！这也就像有人所说的，这种成功就像是在看A片，看的人觉得很爽，做的人却未必。这是一种长期的矛盾，要么在苦熬中爆发，要么在矛盾中苦熬。

矛盾的人思考问题爱使用"是……还是……"的模式，面对同样的矛盾，另一些人会使用"要……但是……"的模式，还有一些人会使用"既……又……"的模式。

比如，矛盾的人会说："是追求理想呢，还是追逐现实？"

第二种人会说："要追求理想，但是不能脱离现实。"

第三种人会说："既要追求理想，又要懂得现实！"

在第一种人看来，两个东西的分量是相同的，但是相斥的，不知道舍弃哪一个；

在第二种人看来，两个东西的分量是不同的，其中一个可以作出让步；

在第三种人看来，两个东西的分量也是相同的，但不是相互排斥，是可以整合的。

所以有人总结出一种"矛盾成功学"，就是善于接纳整合各种矛盾。

比如，既要大步向前，又要小心翼翼；既要有个人魅力，又要有团队意识；既要勤俭节约，又要该花就花；既要有魄力，又要有理智；既要讲感情，又要讲原则；既要严肃认真，又要活泼洒脱；既要鼓励创新，又要讲究管理；既要稳中求胜，又要善用奇谋……

所以现在的电子产品，既要性能实用，又要外表美观；既要技术优良，又要价格合理。不像那些让人厌烦的某些商品，中看不中用，中用不中买。

球场上，有的人用身体打球，有的人用脑子打球，有的人既用身体打球又用脑子打球。

买东西，有的人讲究实用，有的人讲究好看，有的人既讲究实用又讲究好看。

拍电影，有的人讲究商业，有的人讲究艺术，有的人拍出来的电影又好看又有票房，有的迎合大众，有的展现自我，有的人拍出来的电影既个性十足又广受欢迎。

你服吗？

整合矛盾绝不是什么"混搭艺术"。让说相声的唱歌，让唱歌的说相声，让唱美声的唱流行，让唱流行的唱美声，这不是灵感突发，这是黔驴技穷。

据资料显示，人类大脑有一层很薄的大脑皮层，大概0.5厘米厚，100多克重，它的管理范围是我们的意志、性格、人格信念、理想追求等理性的，而表层下面的脑子是控制本能、欲望感情等感性功能的，却占了1300克。这一悬殊的比例告诉人们，感性的力量远远大于理性。

感性说，我要看电影，理性说，快没钱了不能看，这时候我们就会很痛苦；理性说，没钱了，感性说，豁出去了，吃！我们就会感到很痛快。理性战胜感性和感性战胜理性的感觉是大大不同的。

感性说，我想看电影，感性又说，我想去游乐场，这时候是感性与感性之间的矛盾，我们选哪个都是错的。

理性说，看电影是一种需要，理性又说，快没钱了，理性接着说，哪个更重要呢？理性继续说，还是等下个月看吧……这时候是理性与理性之间的矛盾，作出的选择又不同。

所以面对矛盾，应该让哪方力量参与对抗，是一个很有意思的问题。

非常人士专利，请勿模仿

孤独、劳碌、恐惧、忧虑、矛盾都是令人痛苦的，但有些成功者的身上却明显带有这些痛苦的痕迹。也许因为他们的承受能力是超常的，也许因为他们的内心是独特的，才甘愿或适合承担某种痛苦。就像有人会挑战千里走钢丝，有人会从事汽车越黄河，而你在欣赏这种奇观时，电视下面就会有一行字：非专业人士请勿模仿。成功也是一样，在成功者里面总有一些非常人士，他们愿意承受某种痛苦，也能承受得住。你要模仿，就要理智一点。

成功者有时候是要承受孤独的。

《社交网络》这部电影讲述了Facebook网站创始人马克·扎克博格的发家史。2003年秋天的一个夜晚，马克由于孤僻难处被女友甩掉，愤怒之际，利用黑客手段入侵了学校的系统，盗取了校内所有漂亮女生的资料，并开始非常热情地构思着一个全新的点子，他要做一个囊括全球所有人的网站，他要大家在上面工作、学习、娱乐、交友……这个看似轻率的网站制作计划，却带来了全球性网络与通信的革命。凭借他们创立的名为Facebook的网站，在短短6年时间内就聚集了5亿用户，马克成为了历史上最年轻的亿万富翁。

当初如果没有对心爱女孩离他而去的仇视，如果没有富有的对手当年在哈佛俱乐部对他不屑一顾而产生的报复心，如果没有他投资路上的引领人的煽动性鼓励，他也不会有那么大的动力。孤独给了他进取心，也让他对别人不再信任。

所谓成功者都是孤独的，马克的孤独在于他只相信自己。失去了最想要的东西后，在另一个领域的意外执著，让他把所有人都当成了垫脚石。他的朋友被他的盛名和金钱打败，大家撕破脸皮，各奔东西。最终不过因为他是成功的，他们是失败的，孤独就有了立足之地。

成功者有时候是要承受劳碌的。

认识到自己没有过人的天赋，没有足够的背景，拼命打拼是自己唯一的出路，为了成功，有的人可以不去享受正常人需要享受的一切，愿意承担正常人无法承受的负荷。每天忙得不可开交，时间表排得满满的，还在抱怨一天只有24小时！无时无刻不处在紧急状态下，连跟朋友见个面都得挑空闲的时间。如果有点时间，那正好见他们，如果没有，只好以后再说。闲暇时间也排满了事情，总是让自己处在压力状态下，由此即使精疲力竭也在所不惜。身体和心理发出种种信号，提醒他应该多加休息，但他不愿意留出时间给自己，一件事情还没做完，另一件已经出现，对于他来说，如果有更多的时间，他还想做更多的事情。疯狂的节奏让他觉得充实，丰厚的回报让他觉得这一切都是值得的。

很多人之所以能成功，都是这么过来的。他们不会有任何抱怨，还会非常敬佩自己这种强大的承受能力。他也会像要求自己那样要求他的属下和员工，仿佛不这样一切就没有希望。所以有句话叫："要想成功，就不要太把自己当人。"

成功者有时候是要承受恐惧的。

一个年轻人想要成长为一名真正的剑客，于是他要去闯荡江湖。他的妻子为此伤心不已。他们是相爱的，本该厮守在一起，享受青春的欢愉，可是为了剑客之梦，丈夫要离开自己。

"为什么一定要走？"

"我说过，我要成为最强的剑客，我要去向那些高手挑战，将他们击败！"

"然后怎么样？你能得到什么？"

"也许什么也不会得到，但我会活得没有遗憾。"

"如果你打不过他们呢？万一失败了，死在他们的剑下呢？你不怕吗？"

"当然怕。但越是怕我就越要这么做，只有面对恐惧并超越恐惧，才能成为真正的剑客。"

"一次两次并不怕，难道你要每天都去面对恐惧，一辈子都跟恐惧为伍？"

"等我成为最强的剑客之后，就不会再恐惧了。"

"不，你会的。当一个人再也找不到对手的时候，你就会空虚，你就会寂寞，你还是会为你的剑生锈而恐惧。等你越来越老了，下一代的年轻人也会有你这样的想法，他们会来挑战你，那时候你又要为迎战他们而恐惧，难道不是一辈子都将活在恐惧中吗？"

"那我还是要去，所有这些都比不上我什么都不做的恐惧！"

成功者有时候是要承受忧虑的。

228年春天，蜀军准备好北伐，将领魏延提出子午谷之计。诸葛亮不许，他亲率主力向祁山进攻。魏明帝派大军防御。诸葛亮也派遣马谡为前锋，到街亭设防。街亭失守，蜀军大败，马谡逃走。诸葛亮取西县千余家，后引兵退回汉中，上书自贬三等，并作了自我批评。

228年冬天，诸葛亮听说魏军大举东进，出兵散关，包围陈仓。双方激战20余日未有胜负。蜀军运送粮食上发生问题，又闻讯魏援军快到，只好再退回汉中。

229年春天，诸葛亮遣陈戒进攻武都、阴平，安抚了当地的氐人、羌人，然后留兵据守，自己率军回汉中。230年6月，曹魏大军进攻汉中，诸葛亮指挥御敌。

231年春天，诸葛亮再次进行北伐，以木牛运粮，包围祁山。司马懿拒不出战。诸葛亮派李严督粮草，李严怕粮运不济，就派马忠、成藩召诸葛亮还。

234年春天，诸葛亮经过三年准备，在斜谷口再率10万大军出斜谷口，司马懿则率领魏军背水筑营，两军相持了百多日，而司马懿却从诸葛亮派出的下战使探得诸葛亮事事亲力亲为，食少事烦，认为诸葛亮活不了多久。

8月，诸葛亮果然因忧虑成疾而病倒，病情日益恶化。不久，诸葛亮在军营中与世长辞，时年54岁。

成功者有时候是矛盾的。

凡·高的一生，是矛盾的一生。生活中，他不得不面对各种困难，贫困消磨着他作为一个人对生活强有力的感觉，为了绘画，他只能依靠别人，像失去父母的孤儿那样乞怜弟弟提奥的帮助。父辈们认为他的追求毫无实际意义，不能获得一块面包；一般的人认为他是一个疯子，因为他总是对着一根树干或是一片云发呆；他爱着的女人认为他是一个傻瓜；爱他的女人又被世俗的丑恶势力所阻挠和嘲笑。思想家都是矛盾的，他们在探索，在永不停息地探索，在这样的过程中，既有快乐，也有巨大的痛苦，深渊般的绝望，万籁无声的安宁，甚至有微微的怅然。那青色的炽热天空，那曝晒的黄色土地，那生气勃勃的紫色田野，那光芒四射的黄色太阳，那并非黑色夜里的油绿的广场……那一个个极为可爱的、色彩极美的世界，都来自一个饱受矛盾折磨的灵魂。37岁那年，这个充满矛盾的生命离开了人世……

美国著名作家斯科特·派克在他的《少有人走的路》系列中写道："我愿意谈论痛苦，并不意味着我是个受虐狂。正相反，我不认为消极的痛苦会对人有所裨益。如果我头痛的话，第一件事就是到厨房去服用两片强效镇痛定。我压根儿不相信普通的紧张性头痛会有什么好处可言。不过，还有一种是积极的痛苦。两者之间的区别是，成长的痛苦是人生必须承受的；而消极的痛苦像头痛之类，则应该尽力摆脱。"

警惕，八种败相让成功远离你

如果你已经将六种魔鬼相从你的体内彻底清除，将五种痛苦相从你的脸上剔除，那么，接下来，你还要远离的八种能使你彻底一败涂地的面相——败相，它们是：虚伪、自负、麻木、自私、幼稚、萎靡、偏隘、软弱！它们是导致你失败的几个重大因素！

在中国或外国古代的一些历史上，那些凡是有野心有欲望，有能力，但是脸上却带有虚伪、自负、麻木、自私、幼稚、萎靡、偏隘、软弱等面相的人，都不能得到真正意义上的成功。当然，我们这里所说的真正意义上的成功是积极的健康的最彻底的成功。

曹操因为虚伪而被后人所贬斥；拿破仑因为太过自负而使自己一败涂地；唐高宗因为软弱，而使大权落在一个女人手中，成为历史上一个最窝囊的皇帝……除此之外，那些自负、麻木、自私、幼稚、萎靡、偏隘的人，正是因为身上有了这些，因此，让他们身上的优点或者能散发人性色彩的魅力黯然失色，他们无法让周围的熟人或者陌生人体验到自己的吸引力。这些人的面色是无法让人获得信任的，也是虚弱和黯淡的！

有的人因为虚伪，让人一眼就能看穿他是缺乏诚信的，因此就与成功无缘；

有的人因为自负，脸上写满了骄傲和自满，会因此而让人心生厌恶，因此而错失成功的机会；

有的人因为太过自私，脸上写满了贪婪，为了满足自己的私欲，最终走上一条不归路；

有的人因为幼稚，脸上写满了单纯和稚嫩，让人一看就会不由得为他的未来和前途担忧！

有的人因为萎靡，脸上满是死寂的色彩，最终可能只会庸庸碌碌地过一辈子！

有的人因为偏隘，脸上写满了执拗，思想顽固不化，最终可能会与成功背道而驰！

有的人因为软弱，脸上满是怯懦，可能会因为被困难或厄运而一败涂地，或者干脆与成功绝缘！

……

以上这些人或许有超强的个人潜能，或许有翻云覆雨的运筹帷幄能力，但或许就是仅仅因为与以上这些败相而使自己与成功无缘，一辈子都只能庸庸碌碌地度日！为此，我们要获得成功，就要与这些败相绝缘！

记住，这个世界上，没有一个虚伪的人会获得最终意义上的成功；没有一个自负的人会彻底地与成功结缘；没有一个麻木、自私、幼稚、萎靡、偏隘、软弱的人会位列于真正的成功者的行列之中！

把别人当傻子的后果

虚伪有时候是别有用心。

虚伪是人的天性，世界上没有一点都不虚伪的人。说自己不虚伪本身就是虚伪，说自己虚伪反而是不虚伪。人跟人的区别不在于你是否虚伪，而在于你怎么看待它。

伪装是所有生物的生存本能，我们需要彼此之间的相互信任，但同时也需要伪装，不然就不能抵御各种危险。同时我们也不愿意完全赤裸裸地表现自己的全部，我们只愿意把自己好的一面展现在别人面前。所以，我们不是憎恨所有的虚伪。就像你不能说一个人穿了一件好看的衣服衬托自己他就是虚伪。

有人说：越是我们所认为的贤德君子、德高望重的人，越是能够掩饰自己内心的真实想法，即最高尚的人才是最虚伪的人！而活得最真实的，将自己的真实想法表现得淋漓尽致的，恰恰是那些无恶不作的罪犯！

你觉得这样说对吗？

其实，可以这样说：不成熟的人是该掩饰的不掩饰，虚伪的人是不该掩饰的掩饰了，而成熟的人是掩饰该掩饰的东西，不该掩饰的东西就不去掩饰。

我们每个人都不希望自己像玻璃人一样被别人透视，这样会很没面子，很没尊严，于是，我们打造起一副"面具"来伪装自己，我们不断修缮我们的面具，以便能够不断适应这个残酷的世界。

人人都戴着面具生活，那不是就没有相互之间的信任了吗？

戴上面具绝对不是让自己的一切外在言行都要和本心相违背。因此，"面具"只是用来盖住必须盖住的一面，并不是完全的虚假。从这一点讲，

"面具"就是一个自我约束的过程，并不会危及信任的发展。而如果抛掉"面具"，让本我放任自流，那也是一种罪恶，他们会不知所措。

尽管大多数人都戴着"面具"，但是人与人的感受却不一样，有的人认为这是理所应当，就像吃饭睡觉一样，是一种生存需要；而有的人却认为这样做是迫于无奈，他们感觉，这"面具"戴也不是，不戴也不是，因而整天生活在矛盾之中。久而久之，便会产生自卑、抑郁、厌世、猜忌、孤僻、偏执等一系列的心理问题，再严重一些，就有可能产生精神分裂、妄想、幻象、自我封闭、强迫症等精神问题，最终导致人格系统全面崩溃，这是非常可怕的！

俗话说，黄鼠狼给鸡拜年——没安好心。说的就是虚伪，表面毕恭毕敬，客客气气，内心却隐藏着诡计；表面忠心耿耿，骨子里却磨刀霍霍；表面甜言蜜语，好话说尽，肚子里却揣着一把利剑；表面说得冠冕堂皇，实际做起来又是一套。

说近一点的，每天瞅着路边的美女眼睛发直，却还装出一副正人君子的模样；明明是害人还强行告诉自己是为对方好；明明占了便宜还觉得自己吃了亏；年终工作总结，明明不是那么想的还要一本正经扯上一大堆；心里明明看不起的人见了面却恭维个没完……

说是这么说，可在这个物欲横流的社会，我们都需要虚伪与伪装，只因我们有弱点。

你能让商家说出他们商品价格的底线吗？要想让自己少掏点钱，你只能和他斗智斗勇式地讨价还价。你能让政治家都单纯可爱吗？倘若"真实"地把国力、边防甚至是导弹数量、部署位置等告诉别的国家，那还算政治家吗？

因而，有原则的虚伪，普遍存在而又必须存在。我们真正痛恨的虚伪是那种低级的虚伪。

有这样一个故事：

一只喜鹊到处自诩："我是直肠子性格，心直口快，爱讲真话，从来不怕得罪人。"

的确如此，喜鹊碰到不顺眼的事，总爱唧喳一通，指责一气。比如，见了猪，他要斥责："光吃不干的懒家伙。"见了狗，他要嘲讽："尾巴卷上天的东西。"见了驴，他要戏谑："蠢货，推磨还要蒙眼。"见了麻雀，他要讥笑："小不点儿，能把人吵死。"

有一次，乌鸦总管大人下来巡视山林。喜鹊一听到这个消息，赶忙飞向前，笑脸相迎，喋喋不休地恭维乌鸦："总管大人，我们太想念您了。见到了您，真幸运。总管大人，您的羽毛真美，你是天下最漂亮的鸟。总管大人，您的歌声真好听，您堪称鸟王国的最佳歌星。"

乌鸦总管走后，一群鸟民围拢上来，七嘴八舌质问喜鹊：

"爱讲真话的先生，今天怎么不讲真话了？"

"乌鸦的羽毛真美吗？"

"乌鸦的歌声真好听吗？"

我们身边到处是这种见人说人话，见鬼说鬼话的人。但有一种人更可恨，坏事做尽却还道貌岸然，明明掩饰不了还要强行掩饰。

从前，有一个人捉到了一只鳖，他十分高兴地把鳖带回家。打算把鳖杀了，然后煮熟美美地吃一顿，可是他又不愿意承担杀害生灵的恶名。怎么办呢？他想了一个办法。

这个人将锅里盛满了水，用大火将水烧得沸腾，再在锅上横搁一根细竹棍子，然后，他装作和鳖商量的样子对鳖说："听说你很会爬，我想看看你的本领。如果你能为我表演一次，从这根竹棍上爬过去，我就一定放了你!"

可怜的鳖看了看锅里烧得滚烫的水还在上下翻腾，热气直往上蹿，如果在细竹棍上爬的时候，稍不留心，就会掉进锅里没命了。它想，这明明是主人故意设圈套要谋杀自己，但可怜的鳖依然存一线求生的希望，它想，只要自己万分小心，说不定还真能爬过去死里逃生哩。于是，鳖答应从细竹棍上爬过去。

鳖鼓起了平生所有的勇气，集中了它有生以来的全部精力，小心翼翼、战战兢兢地从细竹棍的这一端爬过去，反正大不了就是一死。鳖咬紧牙关，一步步地爬，没想到，竟然真的爬过去了。当它爬到锅的那一边时，它几乎都要晕过去了，趴在地上再也动弹不得。

主人万万没想到这只鳖竟有这等幸运，它竟能从九死一生中解脱出来。然而，主人不甘心，他还是要吃鳖肉。于是他改口对鳖说："不错，真有本事，非常精彩！请你再表演一次，我还想再欣赏一遍。这次爬过来，说什么我也放了你！请来吧！"

鳖算是看清了主人的丑恶嘴脸，十分愤怒地说："你要想吃我，就明说好了，何必还这么煞费苦心地拐弯抹角呢！"

有的人就是这么可恨，但至少这种虚伪能被我们所看见，还有一种虚伪是你看不出来的。

《红与黑》的主人公于连就是这样的人。于连出生于法国北部风气闭塞的小城维立叶尔，他出身贫民，自幼家庭贫穷，厌恶劳动，父亲对他十分粗暴，他崇拜卢梭，接受启蒙思想家的自由平等观念和无神论思想。在一位老军医的熏陶下，他也崇拜拿破仑，羡慕拿破仑时代青年人能凭自己的才干青云直上。他企图通过自己的努力和奋斗来达到向上爬的目的。如果是在大革命时期，他一定会穿上红色的军服走上从军的道路，但在王朝复辟时期，这条道路已经被堵塞了，当他看到神甫能拿到三倍于拿破仑手下大将的收入，就决定穿上黑色的教会服，通过教会的门路向上爬。他背熟一部拉丁文的《新约全书》和墨士德的《教皇传》作为向上爬的敲门砖，以虚伪作为唯一的武器来适应社会。

现实生活中，这样的人比比皆是，因为他们隐藏得好，所以我们不容易分辨出来，很可能这种人就在你的身边。

在追求成功的道路上，我们不可避免地要与人打交道或借助他人的帮助，在与人交往中，没有了安全感的交往是极难维系的。如果你与虚伪沾上了边，又控制不了虚伪，对他人虚情假意，口是心非，自私自利，那么在交往中就不可能产生相互理解、信任，还会让人感到不安全，甚至反感，无论是亲人还是朋友之间就很难做到相知，相互信任了。

现实生活中没有人是傻子，或者说，没有永久的傻子，人人都戴着面具而活，戴着面具是为了活下去，所以你不能连灵魂都是虚伪的。

它填不满你，你填不满它

有一个人潦倒得连床也买不起，家徒四壁，只有一张长凳，他每天晚上就在长凳上睡觉。但这个人很吝啬，他也知道自己的这个毛病，但就是改不了。

他向佛祖祈祷："如果我发财了，我绝对不会像现在这样吝啬。"

佛祖看他可怜，就给了他一个装钱的口袋，说："这个袋子里有一枚金币，当你把它拿出来以后，里面又会有一枚金币，但是当你想花钱的时候，只有把这个钱袋扔掉才能花钱。"

那个穷人就不断地往外拿金币，整整一个晚上没有合眼，地上到处都是金币。这一辈子就是什么也不做，这些钱已经足够他花的了。每次当他决心扔掉那个钱袋的时候，都舍不得。于是他就不吃不喝地一直往外拿着金币，屋子里装满了金币。

可是他还是对自己说："我不能把袋子扔了，钱还在源源不断地出，还是让钱更多一些的时候再把袋子扔掉吧！"

到了最后，他虚弱得没有把钱从口袋里拿出来的力气了，但是他还是不肯把袋子扔掉，终于死在了钱袋旁边，屋子里装的都是金币。

见到好东西就以为越多越好，这是"贪心"最常见的一种表现。

用心太急，见到大海想一口把它吞掉，也叫贪。

有一个发生在日本的真实故事：柳生又寿郎拜剑道大家宫本武藏为师。行完拜师礼，柳生迫不及待地问："老师，以我的根基，何时能练成一流剑客？"

宫本想了想，郑重地说："大概要10年。"

"啊！10年，太久了！"急于成名的柳生失望地说，"师父，我是一个意志坚强的人，如果我加倍努力地苦练呢？"

"那么，需要，20年。"

柳生大惑不解，继续追问："假如我夜以继日、废寝忘食、一刻不停地用功呢？"

"那么，你30年也不会成功。"

柳生越发不解，又问："为什么越努力反而成功越缓慢呢？请您告诉我，这是什么道理？"

宫本说："如果你的两只眼睛死死盯着'成功'二字，哪里还能看清自己呢？所谓一流剑客，要永远保留一只眼睛看自己。"

柳生惊得满头大汗，恍然大悟。后来，他以平常心努力练剑，终成绝顶剑客。

我们常说赌博的人是最贪心的。赌博的人为什么都是贪心的呢？这里有一个心理学上的问题。赌博的方式简单，赢的可能也存在，而且看似还很大，即便你输得再多也可以赢一把就翻身。在这种情况下，让人们放下了对输的恐惧，增加了对赢的渴望，所以最符合想不劳而获的人的心理。

人的贪心还表现在总想一劳永逸，所以寄希望于那些一锤子的大买卖。比如以前很多人都跑很远去寻求传说中的宝藏，武侠小说里人人都渴望得到最厉害的武功秘籍或者至尊武器。得到一件东西可以让你从此无忧，这样的事谁不动心？

想得到更好的放过眼前的机会，也是一种贪。

在广阔的深海里，一只小鲨鱼长大了，开始和妈妈一起学习觅食，它逐渐学会了如何捕捉食物。妈妈对它说："孩子，你长大了，应该离开我去独自生活。"鲨鱼是海底的王者，几乎没有任何生物能伤害，所以虽然妈妈不在小鲨鱼的身边，但还是很放心。它相信，儿子凭借着优秀的捕食本领，一定能生活得很好。

几个月后，鲨鱼妈妈在一个小海沟里见到了小鲨鱼，它被儿子吓了一跳。小鲨鱼所在的海沟食物来源很丰富，它就是被鱼群吸引到这里的，小鲨鱼在这里应该变得强壮起来，可是它看上去却好像营养不良，很疲惫。

究竟出了什么问题呢？鲨鱼妈妈想。它正要过去问小鲨鱼，却看见一群大马哈鱼游了过来，而小鲨鱼也来了精神，正准备捕食。

鲨鱼妈妈躲在一边，看着小鲨鱼隐蔽起来，等着大马哈鱼到自己能够攻击到的范围。一条马哈鱼先游过来，已经游到了小鲨鱼的嘴边，也丝毫没有感觉到危险。鲨鱼妈妈想，这下儿子一闭嘴就可以美餐一顿，可是出乎它意料的是，儿子连动也没有动。

两条、三条、四条，越来越多的马哈鱼游近了，可是小鲨鱼却还是没有动，盯着远处剩下不多的马哈鱼，这个时候小鲨鱼急躁起来，凶狠地扑了过去，可是距离太远，马哈鱼们轻松摆脱了追击。

鲨鱼妈妈追上小鲨鱼问："为什么不在马哈鱼在你嘴边的时候吃掉它们？"小鲨鱼说："妈妈，你难道没有看到，也许后面还有更大的。"

鲨鱼妈妈摇摇头说："不是这样的，欲望是无法满足的，但机会却是有限的。贪婪不会让你得到更多，甚至连原来能得到的也会失去。"

这就是"一鸟在手胜过百鸟在林"的道理。但"一鸟在手之后"呢？人们通常是有了这个还想要那个，总没个够，这是贪心中的贪心。

从前有一个农民上山砍柴，见一条小蛇冻得发僵，非常可怜。农民就把它揣在怀里，带回家中喂养起来。

小蛇慢慢长成大蛇，自己能生活了，农民就把它放在山后石洞里，渴了饮山泉，饿了吃野果，大蛇自然对农民很感激。过了些日子，大蛇的石洞口长出棵小小的灵芝，它精心守护、培育，灵芝越长越大，越长越神奇，人们都想得到它，只因蛇的守护，谁也不敢近前。

这件事被皇上知道了，就叫人四下张贴了一道皇榜：谁能采来这棵灵芝，就受重赏。

这个农民想得到赏赐，就央求大蛇把灵芝送给他，大蛇答应了他的要求。农民就把灵芝献给皇上，得到一批金银财宝的奖赏。

又过了些日子，皇后的眼睛瞎了，御医说只有龙蛇的眼珠才能治好。皇上又想到这个献灵芝的农民，就命他去挖那条大蛇的眼睛，许诺他事成之后封他为宰相。这个农民发了财，又想当官，就又来央求大蛇给他一只眼珠。大蛇只好忍痛让他挖去一只眼珠，皇后的眼睛复明了，农民遂当上宰相。

他当上宰相后，养尊处优，享不尽的荣华富贵，生怕哪一天死掉，丢下这万贯家财，于是，就想到长生不老之法。听说吃龙蛇心能够长生不老，就又到山中去找大蛇，要求再给他一颗心，成全他长生不老。大蛇见他如此贪心，就张嘴叫他去挖。这个贪婪的宰相一近前，就被大蛇吞入肚里，再也没回来。

人总是垂涎于原本不属于自己的东西。有一首《贪字歌》说得好：

"终日奔忙只为饥，才得有食又思衣。置下绫罗身上穿，抬头却嫌房室低。盖了高楼与大厦，床前缺少美貌妻。娇妻美妾都娶下，忽虑出门没马骑。买得高头金鞍马，马前马后少跟随。招了家人数十个，有钱没势被人欺。时来运转做知县，抱怨官小职位低。做过尚书升阁老，朝思暮想要登基。一朝南面做天子，东征西讨打蛮夷。四海万国都降服，想和神仙下象棋。洞宾陪他把棋下，吩咐快做上天梯。上天梯子未做起，阎王发牌鬼来催。若非此人大限到，升到天上还嫌低。玉皇大帝让他做，定嫌天宫不华丽。"

所以有一句话叫"知足常乐"。"知足常乐"不是你"知足"就常常会快乐，而是知道什么时候该满足才会经常快乐。

没有痛也没有希望

提到"麻木"，我们最先想到的是鲁迅笔下那些对社会百态漠不关心的国民，他们对与自己无关的事不痛不痒，对这个社会的变动无动于衷。用最尖刻的词语来形容，这是一群"没希望"的人！胆小怕事，各自为营，一盘散沙，仿佛身体里根本没有流淌着血液。

这是人们对稳定的一种依赖。在凡事不敢站在前面的人眼里，稳定和安全是最重要的，他们一步步退到这个稳定而安全的壳里，退无可退，进不敢进，就变成了无法突破。

想成功的人对稳定不感兴趣，因为他们知道，这个世上只有不战而负的事，没有不战而胜的事。洛克菲勒16岁时，每天为寻找工作奔走，被拒绝了一次又一次之后，好不容易在一家农产品公司找到一份工作。一般人的想法是，珍惜这份来之不易的工作，小心地保住它。但洛克菲勒认真做了一年后，认为自己已经掌握了生意门道，开始自己做农产品生意。不久后，他与朋友合伙开了一家公司。他并不是相信自己一定能成功，而是认为如果自己不这么做一定不可能成功。

站在前面没有意义，站在好处和成功的前面才有意义。不要以为那些敢出头的人都是傻子，你站在后面只是因为你已经麻木得看不到这些好处和成功了。如果前面有100块钱，这些麻木的人会跑得比谁都快。

麻木的人不仅看不到远一点的地方隐藏的好处，更看不到身边存在的东西意味着什么。

有这样一个故事：一只老鼠来到了一个农场，进去之后它看到满仓的粮食兴奋不已。到了晚上，恐怖的事情发生了，它听到了来自四面八方同类的痛嚎声，原来这里到处都是让它们致命的老鼠夹子。怎么办呢？这只老鼠说："唉，这是个什么倒霉地方，这么危险，我还是离开这个凶险之地吧。"从农场爬出来，它又看到有很多老鼠从各处跑来，进到农场去了。它感慨道："唉，这些倒霉鬼，就等着受死吧。"

一年以后，它因为在其他地方找不到食物，又来到这个农场。这时已经没有了老鼠的踪迹，老鼠夹子也少了不少，但它还是被数量不多的夹子吓到了，它感慨道："要是没有这些老鼠夹子该多好啊。"

这时另一只老鼠出现了，对它说："这些夹子也没什么不好啊，正因为有这些夹子，别的老鼠都纷纷逃走了，我才少了那么多竞争对手，同时由于老鼠少了，农场主人也减少了夹子的数量，我现在不知道有多高兴。"

说完，只见它熟练地窜来窜去，吃饱后又按着原来的路线返回自己窝里了。

这是对机会的麻木。在机会面前思想不敏锐，以简单的方式思考问题，寸步难行。

麻木的人还有一个缺点，就是做事不会用心。

一个故事是：有一个小和尚，担任司钟之职。半年下来，他觉得无聊至极，就抱着"做一天和尚撞一天钟"的态度，应付差事而已。

有一天，住持宣布调他到后院劈柴挑水，原因是他不能胜任撞钟之职。小和尚很不服气地问："我敲的钟难道不准时？难道不响亮？"

老住持说："你司钟固然准时，也很响亮，但是钟声空泛、疲软，没有感召力。司钟是为了唤醒沉迷的众生，因此撞出的钟声不仅要洪亮，还要圆润、浑厚、深沉、悠远。你心中无钟，即是无佛，怎么能担当起这神圣的职责呢？"

小和尚无话可说，只好去劈柴挑水。

另一个故事是：在日本龙海寺，有一天清晨，住持奕堂禅师做早课的时候，觉得今天的钟声显得格外庄严、神圣，与往日不同。于是，他命人将司钟的僧人找来，原来是一个新来的小沙弥。奕堂禅师疑惑了：那样美妙的钟声，难道是这个刚刚开始学禅的小沙弥敲出来的？他说："你的钟敲得很好。请问你是怎样敲钟的？"

小沙弥答道："弟子刚入佛门，听师父说，寺院钟声就是佛说法的声音，所以要敬钟如佛，撞钟之时，如同请佛说法。弟子就是怀着这样一种虔敬礼拜的心来司钟的。"

奕堂禅师高兴地说："人人都会敲钟，但若想让钟声发出'正直、和雅、清澈、圆满、遍周远闻'这五种梵音，敲钟人必须做到恭敬虔诚，心灵纯净，专心致志。你若事事保持这样的禅心，必有成就。"

小沙弥将禅师的话铭记在心，日后不管做大小事情，都保持着司钟的禅心。18年后，他果然成为一代高僧。他就是著名的永平寺住持森田悟由禅师。用心与不用心的人，成就完全不同。

麻木的人不会想更多的事情，他们的每一根神经都不再拥有希望。那些拥有希望的人则与他们截然不同。

1914年冬天，美国一个小镇的镇长接待了一群饥饿的逃难者。那些饥饿的人连一句感激话都来不及说，就开始狼吞虎咽。只有一个年轻人例外，他对主人说："您有什么需要我干的活吗？"

镇长说："没有什么。"

年轻人一听，目光马上暗淡下来："我不能白吃别人的东西，我要经过自己的劳动。"

镇长赞赏地看了这个骨瘦如柴的逃难者一眼，点头说："我的确有事情需要您帮忙，不过，您还是先吃饭吧！"

年轻人说："我想先干了活，再吃饭。"

镇长想了一想，说："您愿意给我捶背吗？"

年轻人欣然同意，开始给他捶背。几分钟后，镇长的脸上露出了笑容："好了！您捶得好极了！"于是，镇长把饭递给这位年轻人。

后来，年轻人被留在了镇上，不久，镇长还将自己的女儿嫁给了他，并且预言：这个年轻人必将成为百万富翁。

镇长说对了，几年后，这个年轻人后来果真成了百万富翁。不仅如此，20年后，他还成了赫赫有名的亿万富翁。他就是"石油大王"哈默。

麻木的人有一天就会混一天，绝不会把今天当成明天的阶梯。什么最能让人堕落？就是不珍惜今天。

地狱的人口锐减，阎罗王着急了，赶紧召集群鬼，商讨诱人下地狱的办法。

群鬼各抒己见。

牛头说："我去告诉人类：'丢弃良心吧！根本没有天堂！'"

阎王考虑一会儿，摇摇头。他认为，即使没有天堂，很多人还是不会丢弃良心。

马面说："我去告诉人类：'为所欲为吧！根本没有地狱！'"

阎王还是摇头。即使没有地狱，很多人还是不会为所欲为。

这时，一个小鬼提议说："我去对人类说：'还有明天！'"

阎王大声叫好，当即决定采纳小鬼的妙法。

只要还有"明天"，人们就会对"今天"麻木，把一切希望寄托于未来。

麻木是人们抗拒痛苦最好的方式，不愿意面对痛苦是人们追求成功的最大障碍。

很多人想，如果跟一个人打架，我要是不感觉到痛多好，这样我在挨了几拳之后就不会退缩，对方感到痛就会因害怕痛而处于劣势。

其实不是的。有一种病叫"无痛症"，得这种病的人对疼痛没有知觉，但会发生一个可怕的现象，那就是会因感觉不到疼痛而触及生命的极限。有一件真实的事情就是一个无痛症患者曾把自己的手都吃光了。

痛苦，是身体在为你触及生命极限的行为发出的警告，所以有敏锐的知觉绝对是一件好事，它可以让你准确地掌握自己的极限，以便在遇到打击时作出调整。一个追求成功的人绝不是对痛苦没有知觉或有超强的抵抗力，而是他们会习惯，从而提升自己的抵抗力。而一个神经麻木的人是做不到这一点的，他们只会使自己的抵抗力退化，从而越来越不敢面对挑战。

在没有共享的世界里

在天国花园里有一口井。一天，佛陀独自坐在这口井边。佛陀身旁的那口井，可不是一口普通的井，那是一座地狱，一座真正的地狱，那儿没有水，是一片火海，一片永不止息的火海。那儿有许许多多看来密密麻麻的人在那儿呼救，在那儿呻吟。

有一个粗脖子、大块头、高嗓门的人叫得最响，他圆睁着两只眼，胡乱地踩在别人头上、身上，向佛陀喊道："救苦救难的佛陀，大慈大悲的救世主，快救救我吧，我好苦啊！你是善解人意的，不要弃我而去。救救我吧！"

佛陀一看，便认出这人是在人世间作恶多端的乾达多。由于他杀人放火，好事不做，坏事做尽，死后才堕入这地狱的。

"乾达多啊，你倒叫我如何救你啊……噢，我想起来了，有一天，你走在路上，正要踩到一只小蜘蛛，你突发恻隐之心：'这蜘蛛既然是个小生命，我又何必把它踩死呢？'于是抬起脚跨过蜘蛛，算是救了蜘蛛一命。这也算是一件小小的善事，也许你还有这一丝善念吧……就用这小蜘蛛的力量救你出苦海吧！"

一条又细又长却银光闪闪的蜘蛛丝从地狱上空唯一的亮光小洞中垂了下来。乾达多如同身陷大海突见救船一般，抓住蜘蛛丝就奋力向上爬。为脱离这黑暗地狱的痛苦，乾达多不遗余力。他爬啊，爬啊，突然觉得蜘蛛丝摇晃得非常厉害。他回头一看，有无数地狱中的人也抓住蜘蛛丝跟着他向上爬。

他大声嚷道："浑蛋，你们这些浑蛋！这根蜘蛛丝是我的，是我的善业果报。你们再爬的话，蜘蛛丝就会断的，不准你们爬，快滚下去！你们这些浑蛋，坏蛋，无赖！想沾我的光，休想！"

可是，无论乾达多怎样大声喊叫，他的下边仍然有黑压压的人群在争抢着蜘蛛丝向上爬。那一张张紧张得像要爆炸了的脸，是那么的丑恶、绝望、痛苦和愚昧，在人间，他们是不问他人死活，只顾自己；现在落在这地狱里，仍然是不管他人，只顾自己。这种人愚昧至极，简直不可救药。

"你们这些可恶的东西，统统给我滚下去……"乾达多一面大叫着，一面从腰间拿出刀子，他嗖的一声将他脚下的蜘蛛丝割断。

随着众人纷纷跌落，只听到一片绝望的哀号……乾达多看得好高兴，他独自嘻嘻地笑着。然而，这时，蜘蛛丝断了，乾达多呀呀地叫着跌落了下去，狠狠地砸在他的地狱同胞身上。

"救命啊！救救我啊！我的命好苦啊！发发慈悲啊……"乾达多的声音依然在叫，依然叫得最响。

佛陀离开了那口井。

自私的人眼里只有自己，无论什么时候他们都会先考虑自己，不顾别人死活。甚至有时候他们都分不清什么是自己的，什么不是自己的。

有一名年轻人，在办公楼门口看见一位可怜的乞丐，顿生恻隐之心，于是给了乞丐10元钱。以后每天经过那儿，他都给乞丐10元钱。后来，年轻人结了婚，又有了一个孩子，经济负担增重，于是，他经过乞丐面前时，只给了5元钱。

乞丐奇怪地问："以前你总是给10元，今天为什么只给5元呢？"

年轻人难为情地说："我结婚了，又有了孩子，不能不省着点。"

乞丐勃然变色，大声说："你怎么可以用我的钱养活你的老婆孩子呢？"

看到了吧，自私的人占有欲是多么的强。问题是自私的人就一定能比别人得到的更多吗？

张三和李四吃葡萄，吃着吃着，张三发现了一个有趣的现象，饶有兴趣地说："我俩性格相差真大呀。"

李四不明白地说："何以见得？"

张三指着面前的葡萄，说："从吃葡萄的方式看，每次我都摘最大的吃。而你，每次都选最小的吃。"

李四瞅瞅桌上，真是这样。他说："这叫个性。"

张三说："瞧我，每次吃的都是最好的一颗。而你，每次吃的都是最差的一颗。看来，你不懂享受生活啊。"

李四笑了："是吗？我看，真正不懂的是你。不错，每次你吃的都是最好的一颗，反过来想想，你吃的葡萄是越来越酸，直到最后吃不下去，心情也会越来越糟。而我吃葡萄，越来越甜，心情也会越来越好。"

张三说："你说的是分吃葡萄的情景。假如我们合吃葡萄，我不就占了大便宜吗？"

李四叹了口气，说："这样，更是显示出你的可悲啊，有了这一次，谁还会再跟你合吃葡萄呢？"

自私的人只能在老实人身上占便宜，当他们遇到更自私的人，结局就不一定那么好了。

有一天，驴子随主人外出，结伴同行的是主人的狗。驴子外表神态庄重，但头脑却是空空一片，不想事情。半路上，主人因休息睡着了，驴子就趁机大嚼大啃青草，这块草地的草特合它的胃口，驴子吃得还算满意。

这时狗见驴子大嚼青草，感到腹中饥饿，就对驴子说："亲爱的伙伴，我求你趴下身子来，我想吃面包篮里的食品。"但狗没有得到一点回答，驴子只顾埋头吃草，怕浪费了这大好时光，影响进餐。

驴子装聋作哑好一阵子，总算开口回了话："朋友，我还是劝你等等看，待主人睡醒后会给你一份应得的饭，他不会睡得太久的。"

就在这时，一只饿极了的狼从村庄里跑了出来，驴子马上叫狗来驱赶，这时候狗可是不愿动，还回敬道："朋友，我劝你还是快跑吧，等主人醒了再回来。他不会让你等多久的，赶快跑吧！假如狼追上了你，你就用主人新给你装上的马掌狠劲地踢，踢碎它的下巴颏。相信我的话没错，你会把它踢躺下的。"

就在狗还在说这些风凉话的时候，狼已经把驴子咬死，驴子再也活不过来了。

这个故事告诉我们，人要自私起来是很可怕的，你自私，有人比你更自私，更何况还有人比你更聪明。

美国一位心理学家在露天游泳池中做了一个有趣的实验，故意安排不同的人溺水，然后观察有多少人会去营救他们。结果耐人寻味。在长达一年的实验中，当白发苍苍的老人"溺水"时，累计有20人进行了营救；当孩子"溺水"时，累计有32人进行了营救；而当妙龄女子"溺水"时，营救人员的数字上升到50人。

这个实验可以证明人性中有自私的倾向，人是"自私动物"，这种自私很难改变，但是很容易利用。

一座城市的郊区有一座水库，每年夏天都吸引大批游泳爱好者前去游泳。而水库是城市自来水工厂的重要水源，为了保持水源的清洁卫生，自来水厂在库区竖了许多"禁止游泳"的牌子，但效果并不理想，人们照游不误。

后来自来水厂换了所有禁止类的标语，公告牌上写着："你家用的水来自这里，为了你和家人的健康，请保持清洁卫生。"结果，库区中的游泳者就鲜见了。

成长链条的断裂

从前，有个书呆子，出门碰见一条小河。他左右一看，没有桥，就止住了脚，一时不知怎么办才好。有个农民看见了，朝他嚷道："跳啊！"他一看河并不宽，于是双脚站稳，用足力气向前一跳，结果"扑通"一声掉进河里。幸亏河水不深，他连滚带爬地上岸了，气愤地对农民嚷道："你，你出的这叫什么主意？"

农民看到他那副样子，既好气又好笑，马上来到河边，左脚用力一蹬，右脚往前一跨，很轻松地跳了过去。他对书呆子说："这样不就行了吗？"书呆子摇了摇头说："你刚才说的是跳，可你做的动作是跃。你言行不一致，不是有意让我吃亏吗？"农民糊涂了："什么跳啊，跃啊，不就是那么一下子吗？"书呆子说："双脚并齐，用力离地，全身向前谓之跳；一脚前一脚后，单脚向前跨谓之跃。你……你懂什么呀！"农民听了，也不再和他生气，一扭头就走了。

书呆子最容易犯"幼稚病"，因为他觉得自己什么都懂。

美国曾经发生了一桩官司，由汽车大王亨利·福特，向一家报馆提出了控诉。福特是将汽车变为大众化的一位传奇人物，以前的汽车，是高级分子的专有玩物。

福特认为汽车这种东西，可以凭着流水作业的生产方法而降低成本。结果，福特做到了，他建立了福特车厂，并成为了美国的民族英雄。

福特是一位白手起家的人，真是不招人忌是庸才，名成利就之后，招惹了不少是非，其中一项，是一位记者讲福特先生是一位不学无术的人。这直接触怒了福特先生，于是双方对簿公堂。

在法庭上，为了证明福特先生有无学问，主审法官做了一个问答比赛形式的考试，测验福特先生是否是一名真正不学无术的人。面对着这种小学生游戏，福特先生教训他们：这类死记知识的游戏，我的手下有大把专业人才，只要一按桌头的按钮，便能得到正确的答案。

有些道理，幼稚的人永远不懂。在生活中，我们也不乏见到一些极为幼稚的人。

他们也想成功，但是喜欢主观想象，把成功想成是一个极为简单的过程，他们的想法总是很可笑，不符合正常的现实逻辑，他们的成功计划总是欠周全，总是缺乏具体的实施细节，到真正付诸行动的时候，才明白过程的艰辛，最终，要么被现实撞得头破血流，从此一蹶不振，要么中途放弃，当初的雄心壮志从此被恐惧彻底淹没。

还有一些人，他们自小就得到上帝的垂怜，生长在一个富贵之家，长大后，毫不费力地继承了父辈的巨额财产。但是，他们的思想意识却没有得到上帝的眷顾，总是显得很单纯，见识也不够开阔，看问题难以洞悉实质，最终让父辈所有的财富和努力都付之东流。

还有一些人，他们也渴望成功，也梦想自己有一天能够成功，但是他们的"自我内在"非常的"虚弱"，他们的内心很容易被一些"消极的暗示"所统治和占领，在某些特定因素的刺激之下，他们会认为现实过于残酷，会认为自己不如别人，永远无法赶上别人，于是就开始进行自我否定，做任何事情都自惭形秽，不敢主动积极地展示自我，更不能理智清醒地面对现实，最终只能在平庸的道路上虚度自己的一生。

这是一个真实的故事：考利·罗杰斯出生在英国伦敦一个并不富裕的家庭！父亲是个修鞋匠，母亲仅靠捡些垃圾去维持生计！就在她16岁的时候，幸运之神眷顾了她。她无意间中了190万英镑的彩票大奖。这样一笔巨额的财产彻底改变了她的命运，也完全改变了她的生活，她也因此跨入了英国富翁的行列之中，并在富豪榜上声名显赫。

她一下子成为大家所关注的对象，人们亲切地称她为上帝的"幸运儿"！然后，在接受媒体采访时，人们却不由得为这样的一个女孩以后的生活所担忧：她粉嫩的脸上写满了幼稚。当记者问及她要如何处置这些款项时，她显得有些茫然，因为对于这个问题，她确实还从来没有仔细地想过，只是认为自己得到了这笔巨款，就应该好好地享用，以弥补童年的缺失和诸多的遗憾！

看到她手足无措的样子，所有的人都为她担忧！果然，她那令人羡慕的富足生活仅仅维持了不到6年的时间！这对于一个正常的人来说，简直难以相信，但是它确实真真切切地发生了！

原来，考利·罗杰斯自得到那笔大奖以后，她先是花掉了55万英镑购买并装修了4套房子；接着，又将20万英镑花费在度假上；26.5万英镑用于购买豪华汽车和借给家人；45万英镑用于购买名牌衣服、开party及做隆胸手术；7万英镑支付各种法律费用；单是给她的几任男朋友买礼物的花费就将近19万英镑……

这些花费林林总总加起来，这位刚20岁的小姑娘不到6年的时间就已经千金散尽了，将那一笔巨款挥霍一空，面临破产的境地。接下来，她不得不卖掉房子，依靠每天做三份工来维持生计，境况甚为凄惨！

一夜之间拥有190万英镑的人，6年后却落得如此下场，实在令人可悲可叹。与其说是因为她不懂理财而将财富挥霍一空，还不如说她是因为内心的幼稚而变得一无所有。试想，如果当初她能够成熟一点，在得到这笔巨款后，冷静地做好合理的规划，她也不至于落到如此凄惨的境地了。

人要想真的长大的确不是一件容易的事，有的人无论你怎么教都是长不大的，就像下面这个故事里的小猴子一样。

小猴子和山羊是邻居。一天，它看见山羊在院子里刨土，便问："山羊公公，您干什么呀？"山羊说："我种一块青草。""我也去种一块青草。"小猴说。

"你种青草干什么？"山羊说，"你应该种一棵桃树呀！"小猴高兴极了，它在自己的院子里刨好坑，种下一颗桃核。

不久，山羊的青草长出来了，小猴的桃树苗也出土了。又过了不久，山羊开始吃青草了，小猴的桃树才一尺高，它心里很不是滋味。

　　第二年，山羊院子里的青草又发芽了，而小猴的桃树才像院墙那么高。它很不高兴，便埋怨起山羊来。山羊听见了，说："别着急，桃三杏四梨五年，明年你就能吃到桃子了。"

　　第三年，小猴的桃树真的开花结果了，茂密的枝叶还盖过了墙头。小猴真高兴。一天，它爬上树数起桃子来，忽然看见山羊正卧在树阴下，悠闲自得地嚼着青草，它气愤极了。"哼，让我种桃树，原来是为你遮阴啊，真自私！"它滑下树来，举起斧子朝桃树砍去，边砍还边嘀咕："看你还遮阴！看你还遮阴！"

　　幼稚就是幼稚，这种人以后可能再也没有人会管他了。

没有电的电池

委靡的第一种表现是，对什么都提不起兴趣。

白天上班，工作不求有功，但求无过；晚上回家，电视一个劲儿换台，就是不知道看什么；上网，没有好内容，论坛没意思，聊天也没劲；到了休息日，逛街、出游、看书、聚会……想想哪个都提不起兴趣来……医生们管这叫"无兴趣症"。

人若总跟着欲望跑，将永远是失败者，直至会被累死，"无欲"则可能真的毫无欲望，却又会陷入另一个极端——对任何事情都丧失兴趣，活得没滋没味：工作缺乏激情，责任感不强，社交圈子狭窄，朋友不多；业余生活单调，缺少兴趣爱好；不喜欢读书看报，不想汲取知识营养；不喜欢运动，缺乏必要的体育锻炼……

许多人的物质生活一天比一天好，可精神负担却很重，一天工作下来，总是感觉活得真累没什么意思。他们的心理像陆地缺少了绿色的植被一样，慢慢地空白化、荒漠化，如任其发展下去，也将诱发"无兴趣综合征"。

有一些很偏执的人也会对工作厌倦，也对生活失去兴趣。对此，人各有志，不能勉强。

在这个世界上打不起精神的人有很多，在50多亿人口的地球上，能够精神非常昂扬的人能有多少呢？要是都精神昂扬，世界早不是这个发展速度了。大部分人都是很无奈地在生活，做一枚螺丝钉，做一块砖，做一个细胞，委靡地扮演着自己的角色。

委靡的第二种表现是，懒惰松散成性。

成功者靠计划在过活，而平庸者总是靠懒散过活。让一个人每天按被动的计划行事很难，但让一个人每天过懒散的生活却很舒坦。这是人的天性，也是世界上10%的人拥有全世界80%的财富，而80%的人却拥有世界上10%的财富的原因。

懒散的人没有计划，或者有计划也不去执行，整天沉迷于玩乐、睡觉、发呆、想到什么是什么、想做什么做什么的状态中，就连下一分钟该做什么都不知道，只知道顺其自然，随波逐流，当一天和尚撞一天钟。

委靡的第三种表现是，受到刺激后变得颓废。

美国童星麦考利因8岁时成功地主演了影片《小鬼当家》而红遍全球。在众人的吹捧、娇惯和放纵下，小麦考利时不时摆出"大明星"的派头，不把别人放在眼里。

麦考利的父母沾着儿女的光，过着不劳而获的日子。他们贪得无厌，为了争夺麦考利赚得的巨额钱财而交战不休。父母关系的恶化与家庭悲剧使麦考利幼小的心灵蒙上了一层阴影，加上"童年得志"的特殊压力，麦考利开始生活放荡，梳阿飞头，把头发染成各种奇怪的颜色，连续旷课，每天不到凌晨3点不上床睡觉。他酗酒成性，在自己房间的墙壁上乱涂乱抹，屋里弥漫着浓重的烟雾和垃圾的臭气。邻居们几乎认不出他来了，而且他们担心自己的孩子学坏，不再让孩子们到麦考利家去玩儿。

在镁光灯下，麦考利总是眼圈发黑，无精打采，耷拉着眼皮。由于连续拍摄《好儿子》、《里奇·里克》、《魔书国度里的理查德》和《爸爸，把钱还给我》等4部影片的票房价值均不高，制片商大为不满，逐渐对麦考利失去了兴趣，影迷们也纷纷离他而去。1994年，福克斯公司终于像割除身上的一块异物那样把麦考利赶出了大门。

自此之后，麦考利不再拍片。在犹豫了一段时间之后，他于1995年正式宣布：他将永远不再拍电影！一度赢得全美家庭嫉羡的卡尔金一家从此一蹶不振，一度放出璀璨光芒的童星似乎坠落了。

委靡的第四种表现是，信心丧失，无法振作。

一个年轻人因为没有钱被女朋友的父母拒绝了。他无计可施，深深感到自己没有用，在痛苦中每日酗酒。女友的父亲看到了，就问他："你觉得这样能解决问题吗？"

他说："问题解决不了，但是至少可以缓解我的痛苦啊。"

老人看到他这个样子，气愤地说："如果你以为喝酒就能把我女儿喝回来，那你就使劲喝。"

他说："我不喝酒又能怎么样，没有钱你照样不会把女儿嫁给我。"

老人说："你觉得红色的气球和绿色的气球哪个能飞上天？"

他说："这和颜色有什么关系，当然都能飞上天了。"

老人说："对啊，人也是一样，我女儿嫁给谁跟钱没有关系，关键是肚子里得有口气啊！"

年轻人恍然大悟，终于明白了老人的用心。

委靡的第五种表现是，精力无法持久。

这就跟平时不参加体育锻炼的人一动就会累一样，精神状态得不到锻炼也会工作一会就犯困。别人睡一小时能工作三小时，而你睡三小时工作一小时就不行了，这怎么跟人比呢？这就像蓄电池一样，质量好的经久耐用，质量不好的存不住电，这时候一味地充电已经没有用了，需要对电池本身做一下改造。

一个身体孱弱的人怎样变得强壮？答案是经常锻炼。精神也是一样。你付出的精力越多，得到的也就越多。像锻炼身体一样去锻炼你的精神，不要总是精疲力竭，你一味地忙，得到的只是劳累，学会有意识地付出，才能在每个细胞都发挥作用后使精力得到提升。

随着年龄的增长，人的精力会下降，或者由于种种原因，人的精神状态会出现无可逆转的衰退，这种衰退和委靡是两个概念。

晋平公是春秋末期晋国的君主。他晚年想学一些知识，可是总觉得自己已经老了。有一天，他向乐师师旷求教说："我现在已经70多岁了，很想学些知识，恐怕太晚了吧？"师旷回答："晚了，为什么不点蜡烛呢？"晋平公没有听懂他的话，生气地说："哪有为臣的这样戏弄君王的！"师旷说："我怎么敢跟您开玩笑！我记得古人说过：少年时爱好学习，就像日出的光芒；壮年时爱好学习，就像太阳升到天空时那样明亮；到老年还能爱好学习，就像点燃蜡烛发出的亮点。蜡烛的亮光虽然微弱，但同没有烛光在昏暗中愚昧地行动相比较，哪一个更好一些呢？”

晋平公点了点头说：“你说得真好！我已经明白了。”

太阳可以光芒万丈，而蜡烛只是一束火苗，蜡烛的光虽然远远比不上太阳那么耀眼，但是它的状态可以和太阳一样饱满，条件不一样，标准不一样而已。

入不了主流上不了台

义和团当时和洋人对抗的时候，每个人都会戴上一件"护身符"兜肚。他们觉得只要带上这个兜肚，就可以随便杀掉洋鬼子，而且不怕洋鬼子的洋枪洋炮！他们真的相信吗？真的相信。不光他们相信，大清王朝的许多王爷、大臣居然也相信，曾经让一个国家的政府军队也参与到这样愚昧的行动中来，导致了不可思议的战争和浩劫。

当你没有真正先进的东西可以相信的时候，为了和强者对抗，就只能相信一些不可思议的东西，从这些东西里幻想希望。现在想起来，简直就不是一个世界的人。

问题是，面对同一个世界，人们就能看到同样的事情吗？

有这样一个故事。四个营销员接受任务，到庙里向和尚推销梳子。

第一个营销员回来了，但一把梳子也没推销出去。他解释道：他到了庙里之后，一个劲地向庙里的和尚解释，梳子可以梳理头发，让仪态更加美观。但庙里的和尚说他们没有头发，不需要梳子，最终他一把梳子都没销出，只好空手而归。

第二个营销员回来了，他销了10多把。他介绍经验说，我告诉和尚，头皮要经常梳梳，可以止痒；头不痒也要梳，可以活络血脉，有益健康；念经念累了，梳梳头皮，头脑清醒。这样，庙里的和尚每人买了一把梳子。

第三个营销员回来了，他销了100多把。他说，我到庙里去，跟老和尚讲，您看这些香客多虔诚呀，在那里烧香磕头，磕了几个头，站起来头发就乱了，香灰也落在他们头上。您在每个庙堂的前面放一些梳子，他们磕完头烧完香可以梳梳头，会感到这座庙关心香客，下次还会再来。这一来就销掉100多把。

第四个营销员回来了，说他销掉几千把，而且还有订货。他说，我到庙里跟老和尚说，庙里经常接受香客的捐赠，得有回报给人家，买梳子送给他们是最便宜的礼品。您在梳子上写上庙的名字，再写上"积善梳"三个字，说可以保佑对方，这样就可以作为礼品储备在那里，谁来了就送，保证庙里香火更旺。这一下就销掉几千把。

你看，不同的人总是能看到不同层次的问题，所以有的人成功概率大，有的人成功概率小，有的人却失败了。

在心理学上有一种晕轮效应。所谓晕轮效应，就是在人际交往中，人身上表现出的某一方面的特征，掩盖了其他特征，从而造成人际认知的障碍。所以我们会觉得和尚绝对不会和梳子扯上关系。在日常生活中，"晕轮效应"也在悄悄地影响着我们对别人的认知和评价。比如有的老年人对青年人的个别缺点，衣着打扮或生活习惯看不顺眼，就认为他们一定没出息；有的青年人由于倾慕朋友的某一可爱之处，就会把他看得处处可爱，真可谓"一俊遮百丑"。

晕轮效应是一种以偏概全的主观心理臆测，其错误在于：第一，它容易抓住事物的个别特征，习惯以个别推及一般，就像盲人摸象一样，以点代面；第二，它把并无内在联系的一些个性或外貌特征联系在一起，断言有这种特征必然会有另一种特征；第三，它说好就全部肯定，说坏就全部否定，这是一种受主观偏见支配的绝对化倾向。

俄国著名的大文豪普希金曾因晕轮效应吃了大苦头。他狂热地爱上了被称为"莫斯科第一美人"的娜坦丽，并且和她结了婚。娜坦丽美貌惊人，但与普希金志不同道不合。当普希金每次把写好的诗读给她听时，她总是捂着耳朵说："不要听！不要听！"相反，她总是要普希金陪她游乐，出席一些豪华的晚会、舞会，普希金为此丢下创作，以致债台高筑，最后还为她决斗而死，使一颗文学巨星过早地陨落。在普希金看来，一个漂亮的女人也必然有非凡的智慧和高贵的品格，然而事实并非如此。

有一部纪录片讲述的是，在夏日炎炎的非洲大陆，水源在渐渐减少，很多动物都被迫离开了这个渐渐失去生机的地狱。但是有些动物却不敢作出这样的选择，比如鳄鱼。越是炎热和干旱，鳄鱼就越需要待在有水的地方，即使水塘变成了泥坑，它们也能待上很长时间。随着水源范围的不断缩小，鳄鱼慢慢地不得不往一块挤。于是一块小小的泥泞之地挤满了来自各处的庞然大物。但是没有食物，为了活下去，只能吃掉身边的同类，强壮凶狠的大鳄鱼开始频频向同伴进攻，这样不仅可以充饥，同时还可以缓解泥潭的拥挤度，看起来两全其美，一幕物竞天择、适者生存的大戏开始上演了。

这时，一条瘦弱的小鳄鱼因为害怕被大鳄鱼吃掉，选择起身离开这快要干涸的水塘。它的前面是未知的天地，也许它会饿死或热死在半路上。干旱持续着，池塘中的水分愈来愈少，鳄鱼的数量也在减少。就连最强壮的鳄鱼也不敢保证当把所有的同类吃掉以后它就能够生存下来。即便这样，却不见有鳄鱼离开，在它们看来，栖身在泥坑里，等待被吃掉也要比离开、走向完全不知水源在何处的大地还是要靠谱些。万一突然下雨了呢？但是等待的结局却不像它们想象的那般美好，池塘最终还是完全干涸了，唯一剩下的大鳄鱼也因此而死去，它到死仍守着它残暴的王国。

可是，那条勇敢离开的小鳄鱼呢？在经过多天的跋涉后，幸运的它竟然没死在半途上，在干旱的大地上，它找到了一处水草丰美的绿洲。原来强者如果偏隘，也免不了落得悲惨的下场。

人要撇开偏隘，不是一件容易的事。只有勇敢而明智的人才能做到，普通人总是在他们成功了以后才自叹不如。

著名国学大师黎锦熙先生民国初期曾在湖南省省会长沙创办《湖南公报》并任总编辑，先后帮他誊写文稿的有三个人，这三个人以后的发展耐人寻味。

第一个抄写员沉默寡言，对每份文稿都老老实实抄写，错别字也照抄不误，很快这个人丢掉了工作，以后也一直默默无闻。

第二个抄写员非常认真，对每份文稿先仔细检查，遇到错别字、病句都认真改正，然后抄写。1935年他写了一首词，当年这首词经聂耳谱曲后名为《义勇军进行曲》，他就是田汉。

第三个抄写员则与众不同，他特立独行，黎锦熙先生是他所就读师范学校的历史老师，这个抄写员也仔细地看每份文稿，但他只抄写与自己意见相符的文稿，对那些与自己意见相左的文章则随手扔掉，后来这个人建立了以《义勇军进行曲》为国歌的中华人民共和国，他就是毛泽东。

立不起来的糊汤面

软弱的第一种表现是，缺乏勇气。尤其是在命运面前，勇气有时候代表一切。卡夫卡《在法的门前》讲的就是这样一个故事：

法的门前站着一个守门人。一个从乡下来的人走到这个守门人面前，请求让他进法的门里去。可是，守门人说，现在不能让他进去。

通向法的大门始终是敞开着的，乡下人便往门里张望。守门人笑着说："如果你很想进去，那就不妨试试，不过你得注意，我只是一个最低级的守门人。从一个大厅到另一个大厅都有守门人，而且一个比一个更有权势。就是那第三个守门人的模样，我甚至都不敢正视一眼。"

乡下人没有料到会有这么多的困难。他本来想，法的大门应该是每个人随时都可以通过的，但是，他现在仔细地看了一眼穿着皮大衣的守门人，看着他那又大又尖的鼻子和又长又稀又黑的鞑靼胡子，他便决定，还是等一等，得到允许后再进去。

守门人给了他一个小矮凳，让他在门旁坐下。他就这样，长年累月地坐在那里等着。他作了多次尝试，请求让他进去，守门人也被弄得厌烦不堪。临到最后，他总是对乡下人说，现在还不能放他进去。

在这漫长的年月里，乡下人几乎一刻不停地观察着这个守门人。他忘记了还有其他的守门人，似乎这第一个守门人就是他进入法的大门的唯一障碍。

最后，他老了，视力变弱了，可是就在这时，他却看到一束从法的大门里射出来的永不熄灭的光线。在临死之前，这么多年的所有体验都涌在他的头脑里，汇集成一个迄今为止他还没有向守门人提出过的问题。

"你现在还想知道些什么？"守门人问。

"所有的人都在努力到达法的跟前，可是，为什么这许多年来，除了我以外没有人要求进去呢？"

守门人看出，这个乡下人快要死了，为了让他那渐渐消失的听觉还能听清楚，便在他耳边大声吼道："这道门没有其他人能进得去，因为它是专为你而开的。可是现在，我要去把它关上了。"

我们每个人在朝着人生的方向前进的时候，总会有很多东西挡路。我们分不清哪些是真老虎，哪些是纸老虎。有时候我们只需要踏过那道门就会通向自己的人生，可是我们不敢。每当我们想再往前迈一步的时候，就会像那个乡下人一样顾虑重重，于是在一道门前蹉跎了岁月甚至荒废了一生。在我们回首这一切的时候才知道当初的困难没那么可怕，可是为时晚矣。这能怪谁呢？我们不知道。

软弱的第二种表现是，不坚强。面对挫折和打击，不坚强是不行的。

在美国有这样一个故事：有一位青年在一家公司做得很出色，他为自己描绘了一幅灿烂的蓝图，对前途充满了信心。突然这家公司倒闭了，这位青年认为自己是世界上最不幸、最倒霉的人，他垂头丧气。但是他的经理，一位中年人拍了拍他的肩膀说："你很幸运，小伙子！""幸运？"青年人叫道。"对，很幸运！"经理重复一遍，他解释道，"凡是青年时期遭受挫折的人都很幸运，因为你可以学到如何坚强。如果一直很顺利，到了四五十岁，忽然受挫，那才叫可怜，到了中年再学习，实在是太晚了。"

所以坚强的品格一定要在很早的时候培养，心理的抗击打能力是需要锻炼的，平时遇到一些不如意的事要向好的方面想，在以后的岁月里就不会因一次打击而致命了。

软弱的第三种表现是，不血性。不血性的人一旦受制，将很容易长久地屈服。

做一匹战马，驰骋疆场，是儿马从小的志向。为此，它每天都在主人的场院里马不停蹄地练习奔跑。

终于有一天，主人带着几个壮汉，逮住了儿马，强行给它戴上了笼头，拴上了缰绳，并把它套在母马的身边让它学着拉车、犁田。

儿马的眼里常常蓄满了委屈的泪水。

"孩子，埋头拉车吧。这都是命……"

每当儿马翘首远望时，母马就悄悄地提醒儿马。它不想让主人的鞭子无情地落在儿马的身上……

要追求一样东西总是要承受代价的，因为不愿意承受代价而放弃梦想是可悲的。但是我们还是经常处在这种可悲之中。有时候不是你一咬牙一跺脚就能什么都豁得出去，因为我们的顾虑太多。一条链子我们可以扯断，十条链子我们可以扯断吗？所以如果有希望，还是等那么多链子都拴到你身上之前逃走吧。

软弱的第四种表现是，不强大。

一辆长途客车上，5名男子和2名年轻女子就在车里以易拉罐中奖和兑换美元的手段行骗，但这些骗钱把戏很快被一些乘客识破，最后只得草草收场。7名歹徒在骗钱把戏被识破后，忽然露出凶相，动手抢钱，威胁乘客交出身上所有财物，乘客一旦拒绝便遭到痛打。一名女乘客因为将钱放在内裤里的衣袋里，2名恶男逼着那名女乘客当众从裤带里取出现金。还有一名乘客因为不愿将钱交出来，那5名男子拳脚相加把他打得鲜血直流。30多名乘客被洗劫一空。这7名劫匪当时并没有携带任何凶器，在他们抢劫的过程中，车上30多名乘客竟无一人反抗。随后这7名劫匪下车扬长而去。车上30多人为什么没有一个人站出来反抗或者报警呢？有人也想站出组织大家共同对付这伙劫匪，但是担心自己站出来以后无人响应，那样自己必死无疑，所以最后还是自认倒霉。

没有办法，任何时候都是保命要紧。

据教育部教育科学研究所发表的一份研究报告披露，接受调查的六到十二年级的学生有32%受到过同学欺凌，不同程度地被胁迫做自己不愿意做的事情或私人物品遭到故意损坏。而且常常受到欺凌的孩子比例并不低，每星期甚至每天都遭受欺凌的孩子大有人在。受到欺凌的孩子当中，只有大约三分之一会向学校、家长或有关部门报告，而且这一比例随着年龄而降低。经常受到欺凌，特别是那些性格内向的孩子，他们不大会向学校或家长讲自己被欺凌的事情，导致不少人因此身心疲惫，苦恼不已。

软弱的人寻求的往往是"保护"，而不是"改变"，所以他们一直软弱。

有人说《拿破仑传》只要读6页就可以了，因为《拿破仑传》在第6页写到一个他在小时候的故事：

拿破仑在念小学的时候，有一天跟一个六年级的学生打架。这一打，拿破仑眼睛都打黑了。但是上课铃响了，拿破仑便走进教室，下课又冲去打一场，原来黑一只，后来黑两只，变成熊猫了。后来上课铃又响了，到了中午，又下课了，他又冲出去，那个六年级的家伙，还没出教室，就看到门口站着一个熊猫，嘴角还带着点血，这家伙一出去，拿破仑就冲上去，准备干第三架，那个学生就马上叫道："小伙子你今天到底打算怎么样？"拿破仑只讲了一句话："你除非跟我道歉，否则我今天准备打到死！"对方只好向拿破仑道了歉。拿破仑说："你早说不就没事了嘛！"

这就是他成功的原因。

失败，都是败给自己

20世纪初，在巴伐利亚有两个著名的钟表匠，一个叫菲尔德，一个叫汉斯，他们都想研制出一款最新、最好的手表，占领世界市场。

论制造手表的技术，菲尔德比汉斯略胜一筹。怎样才能战胜菲尔德呢？汉斯苦思冥想，当他打听到菲尔德在研制手表的同时，还兼营草帽生意时，终于有了主意。汉斯派人到菲尔德那里高价收购草帽，菲尔德见做草帽生意有利可图，就把研制手表的事暂时搁置一旁。就在菲尔德放松研制手表的空当，汉斯抓紧研制，很快制造出一款有着防水和自动功能的手表，汉斯把它取名为"劳力士"。不久，劳力士手表占领了整个世界市场。到这时，菲尔德才如梦初醒，悔之晚矣。

有人说菲尔德是败给了汉斯，其实他是败给了自己，他先是败给了自己才让对手有了可乘之机。

人不是因为有缺点才失败的，是因为没有发现和不能正视自己的缺点才失败的，所以一个人在某方面的问题特别突出，这种暴露出来的问题反而有可能被解决。

他是一个调皮的小男孩，出生在一个普通的家庭，为了他能够出人头地，父母对他的管教很严。然而，他很不喜欢这种严肃僵硬的生活环境和父母古板的教育方式，所以常常反抗，故意捣蛋，于是严厉的父亲便决定"管制"他，让他服从管教，做一个听话的孩子。

一次，父亲叫他送一张字条去警察局，告诫他说是一件很要紧的事。他拿起字条拔腿就往警察局奔去。到了警察局，他把字条交给了一名警察。警察看完，二话不说，就把他关进一间屋子里。他不知道发生了什么事情，害怕极了。

也不知道过了多久，他终于被放了出来，那名警察凶巴巴地对他说："我们就是这样对付不听话的小孩的。"他终于明白，这是父亲让警察关押自己的，他恨透了父亲，也打定了主意进行更坚决的反抗。

于是，惩罚接踵而至。不久，父亲又把他送进以严格著称的圣修格公学，那里的体罚是所有孩子的噩梦，学生每犯一次错误，都要挨打6下手板。他的手经常因为淘气惹祸而被打得红肿。

童年的可怕经历，给他留下了很深的阴影，严重地影响了他日后的生活，也成了他不可克服的人性弱点，他对此既难过又无奈。

他热爱电影。从20岁开始，他就进入了电影界，可是他一直看不到自己的价值所在。27岁那年，他突发奇想地把自己对世界种种可怕的情绪，以及对极度礼教压抑下滋生的反叛和变态心理，作为"另类"的电影元素，融入作品中去，结果大获成功。他一生共拍了53部电影，几乎部部著名，其中《精神病患者》等经典影片，为他赢得了世界性的声誉。

他就是世界著名的悬念大师、"现代恐怖之父"希区柯克。

精神的折磨曾经毁过很多人的人生，而希区柯克却可以据此一举成名。仔细分析希区柯克的成长经历我们会发现，当你受够了某些东西的折磨，你就特别想摆脱它。希区柯克没有表现出一般人固有的绝望情绪，而是利用它，把它变成自己的优势，从而登上了成功的宝座。

在一座遥远的城市，有一个酷爱拳击的男孩，他从来都笃信自己绝对可以成为一位百战百胜的拳击家。的确，他很有天赋。可是，上帝不会让他的人生满是美好。在一次意外事故中，男孩失去了右臂。

一切光明似乎都要终止了。等待男孩的将是心灵上无尽的黑暗。要知道失去右臂，对于练拳击的人来说，是个多么致命的打击呀！可是，他的父母还是抱着一丝希望，四处打听，为他寻找到了一位赫赫有名的拳击师辅导男孩。

可是，这位老师并没有表现出他的技艺超群，而是不厌其烦地教给男孩一个动作，天天练，月月练。而其他动作，拳击师只是表现给他看一下。这样练下去，不只是男孩，就连他的父母都有些怀疑了。

　　后来，男孩参加了一次比赛，凶悍强壮的对手，却似乎对瘦小的他毫无办法，最终，男孩夺得了胜利，这样一来，他们便对拳击师都毫无怨言了。

　　日复一日，年复一年，当日的男孩已成为了鼎鼎大名的拳击家，而当年的自卑、黑暗早已烟消云散。他的战绩实现了他的诺言。有一天，他想起过去的日子、过去的事，就随口问他的恩师为什么当初只教给他一个动作，他的恩师笑着对他说："因为这个动作只有一个攻破的方法，那就是抓住你的右臂。"

　　有些时候，即使我们成功了，仍不知道该如何克服自己的弱点。有一个这样的教练是幸运的，所以在我们无法认清自己时，不妨多听听别人的指点，这样远胜过自作聪明。缺点自己发现不了，也不让别人去发现，它是不会自己跳出来的，当它突然跳出来时，你已经为之付出了代价。

　　从前，有一个富人，家里很有钱，但他还是不知足，他想把世界上所有人的钱都归为己有。但是，这是办不到的事情，因此富人每天都闷闷不乐，天天想着如何把别人的钱变成自己的钱。富人天天琢磨，最后也没想出一个好办法来。

　　有一天深夜，一个小偷悄悄地溜进了这个富人的家里，结果因一时不慎被富人的仆人们发现后抓了起来。富人被外面的吵闹声惊醒了，他急忙穿上衣服到外面看出了什么事情。被抓住的小偷见到富人后不但没有显现出惊慌的样子，反而很镇静地看着富人。富人感觉到这个小偷很有趣，就信口问道："行窃是一种不道德的行为，你将会为此受到皮肉之苦的，难道你不怕吗？"

　　小偷冷笑道："我如果害怕就不干这一行了，实话和你说吧，我早就做好心理准备，贼有吃肉的那一天，也就会有挨打的那一天。只要你打不死我，我还要偷下去。"

　　富人点了点头，问道："那你偷别人东西的初衷是什么呢，能和我说一下吗？"

　　小偷面无惧色地答道："我就是想让天下所有人的钱都归我所有。"

　　小偷的这句话深深地触动了富人的心，富人心想：我的愿望怎么有这么多人拥有呢？看来我们是同道中人。因此，富人对小偷增加了几分好感。

富人接着问道："今天很不巧，我没有让你得逞，你是不是觉得十分扫兴啊？"

小偷笑着答道："失败是成功之母，干我们这行的也是这样，只有经受的打击多了以后才能练就一身过硬的本领。"这句话把富人逗得前仰后合，他越来越喜欢这个小偷了。

富人饶有兴趣地问道："依我看，你现在的本领就不怎么样。否则怎么会被我捉住呢？你能把你的本事给我演练一下吗？"

小偷自信地说道："这次我是不小心碰到了你们家的花盆，如果不是这样，你们是绝对抓不住我的。"

富人又点点头，把小偷带到了自己的仓库让他演示一下开锁的技术。小偷在众人的观看下，果然出手不凡，不到一分钟的时间连续打开了10把大锁。这一手把在场的人全都惊呆了，他们暗自赞叹小偷的技艺。富人也很高兴，他对小偷说："现在给你两条路，一条是认打，一条是认罚，你选吧。"

小偷不解地问道："认打怎么说，认罚又怎么讲呢？"

富人解释道："如果你认打的话，我就叫手下人往死里打你，我在衙门里有人，顶多花上几个钱，打死你就像踩死一只臭虫一样容易。如果你认罚的话，你帮我去偷别人家的钱，不管是穷人还是富人，都不要放过，我不会亏待你的。"

小偷想都没想答道："我认罚。"

富人大笑道："很好，'识时务者为俊杰'嘛！"

小偷对富人说："我已经好几个晚上没有睡好觉，还饿着肚子，你能不能让我吃饱后睡一大觉，然后我就给你偷钱去？"

"当然可以，我让你连睡两宿好觉，养足精神去下手才不易被抓。"富人说。

第二天，富人早早起了床，因为他今天的心情特别好，他认为把一直困扰自己的问题解决了。当富人再去找小偷的时候，哪里还有小偷的影子，他急忙到自己的仓库中察看，结果发现自己的金银首饰早已不翼而飞。

明暗交锋，谁胜谁败，人立世间，孰安孰危？每一次栽跟头都会暴露我们某一方面的弱点，用心改过可以反败为胜，胜，也是胜在自己。

第六章

什么是成功相

◎ 拥有一张写着希望的脸

◎ 就要活出个人样儿来

◎ 人样之上，过人之处

◎ 获取，完成，自我拯救

◎ 你得到的不仅仅是成功

"魔鬼相"、"痛苦相"、"败相"等等都是对成功的最大阻碍！那么，一个人要真正的走向成功，脸上应该具备什么面相呢？或者说，一个真正的伟大的成功的人，脸上会呈现出什么样的面相呢？

当然是"成功相"！

这是本书要传达给读者的核心思想，也是最能帮助大家在奋斗的过程中走向成功的重要法宝。

做明星有"星相"，成功的运动员有"冠军相"，庸才有"庸才相"，失败者有"失败相"，成功者脸上呈现出来的面相就是"成功相"！

成功相究竟是一种什么样的面相呢？

在生活中，我们常见到这样的一群人：地位越高越好接触的人、本事大脾气小的人、面对压力举重若轻的人、身处乱象而头脑清醒的人、扎实奋斗让人相信总有一天他会成功的人、拥有信念就算失败和平凡也很幸福的人、把事情做到最好让人产生信任的人……好接触、脾气小、冷静、扎实、幸福、信任等等这些闪耀着人性光辉的字眼，我们无需特殊的什么途径，只需与他们交谈甚至只需看对方一眼，就能感受得到，那么，你还问我成功相是什么吗？

成功相，并不是一个多么复杂的概念，判断一个人是否有"成功的特质"，我们无须专门像研究原子弹那样，去专门构建一个理论模型以及推理系统，再将一个人的资料输入其中，然后再做出相应的描述或者预测，而只需要你站在他的身边，或者与之进行交流，就能够很快地感受得到，并且做出具体的判断。

成功相是一个人的内心本质与外在行为的综合体现，内心本质是核心，它能散发出强大的精神力量，能刺激到每个人周身的神经细胞！一个真正有成功潜质的人或者一个真正的伟大的成功者，必然是具有某种吸引力，是能让人尊重，同时还具有让人赞赏的魔力。

如果是一个有成功潜质的人，那么，他能得到父母的肯定，妻子的认可、下属的崇拜和上司的欣赏，让人一看就能感觉到他周身所散发出来的能量，从而让人产生无比的信赖感！

　　如果你是一个彻底成功的伟大的人物，那么，你也一定能受到诸多的追棒和崇拜，而你自己也总是能够感觉到健康、幸福和快乐！世界的一切美好因素都包容着你，让你的生命熠熠生辉！

　　这就是成功相！我们每个人都看不到，摸不着，但是，它在成功者的身上确实是存在的，我们只能感觉到它的存在！

　　在生活中，当我们走近一个功能名就的人，就可以明确地感受到他面相上放射出来的一种特殊的光环，比如兴奋、愉悦、忧郁、志忑、痛苦等等，这种特殊的闪耀的光环在你我的头顶之上，或者明亮，或者阴暗，或者灰暗，或者苍白。可以确定的是，一个人在事业上有所成就，是一个真正的成功者，一个在生活中对幸福的快乐的体验越深，其面相上的光环就会越明亮，越能给人带来良好的积极的因素。而如果一个人在事业中平平庸庸，或者碌碌无为，或者时常消极消沉，那么，呈现在他面相上的光环将会非常小，或者会呈现出完全熄灭的，或者是灰色或者是黑色的。

　　其实，在许多伟人都有一种极为耀眼的面相，它可以散发出极为炫目的无形的光环，这些光环让人崇拜致极。他们自信十足，对自己的目标有极高的驾驭感，是某个领域中的精英，是某个行业的权威，他们的吸引力是极为张扬的，是对外扩张的，不会因为其性格有任何的谦虚或者收敛而改变，让人一看就知识行与不行，一切都是无意识的。

　　而一个普通的人，其脸上却没有这种光芒，是一种随自身情绪变化而忽大忽小的光芒。当他情绪高涨时，他脸上就会充满积极的因素；而当他沮丧或者痛苦时，他的面相上则呈现出灰暗的甚至能让人窒息的气息来。

　　这可不是迷信！其实，在现实生活中，每个人都可以找到属于自己的面相，它所散发的光度会清清楚楚地表明你当下的状态，而且一些积极的面相可以对我们的成功起促进作用。

　　既然如此，我们要成功，要让人看起来更值得信赖，那么，我们就一定要拥有自己的积极的面相，或者说让我们自身的面相上流露出积极的因素。这样更有利于我们向成功迈进！

　　要知道，我们最终的目的，就是打造属于自己的成功相！但是，要打造属于自己的成功相，那首先得清楚地了解成功相的本质，这样我们才能在追求的过程中渐渐地默认自己未来的角色，即：未来的成功者！

拥有一张写着希望的脸

什么叫希望？

一个人在沙漠中发现了水源，他就看到了希望；一个被埋在废墟里的人听到了外面搜救人员的呼喊声，他就感觉到了希望；在偏远的山村，一条通往外界的路，就是希望；一个穷人家的孩子，上学就看到了改变命运的希望；一个很笨很笨的人，只要他努力，就让人看到了希望；面对强大的对手，一匹黑马的出色表现，让你看到一种希望；面对社会黑白的颠倒，有人出来呐喊，让你看到一种希望……

但这都是"有希望"，而不是"充满希望"。

一个人在沙漠中看到了沙漠的边缘，他才会充满希望；一个被埋在废墟里的人被人发现并听到了挖土声，他才会充满希望；偏远的山村，路的开通迎来各种发展的机会，他们才充满希望；穷人家的孩子，学习成绩好，他的未来才充满希望；很笨很笨的人，只有在努力中越来越有长进，他才能充满希望；一匹黑马的表现有了战胜强大对手的可能，期待他的人才能充满希望；有人出来呐喊，有良知的人都勇敢地挺他，你才感到人们并不麻木，这个世界充满希望……

所以你不应该只让自己"有希望"，你更应该用更多的精力让人生"充满希望"。

一个人考上了公务员，从此有了一个铁饭碗，他的生活充满了希望；一个人买彩票中了头等奖，从此衣食无忧，他的生活充满了希望；一个人遇到了贵人，从此有人培养并给他各种机会，他的未来充满了希望；一个人有丰厚的遗产可以继承，好日子断不了，他的生活充满了希望……

这都是"生活充满希望"，而不是他这个人"充满希望"。

如果这个人不充满希望，公务员也可能一辈子只是混，或者因贪污受贿而受罚；即便中了五百万，也可能在几年之后再次变成穷人；遇到了贵人，也可能辜负对方的培养成不了才；继承了遗产，也可能吊儿郎当变成一个败家子……

所以，生活突然充满希望，不一定会让这个人也充满希望。同样，这个人充满希望，也不代表就一定能让希望变成现实。

2004年雅典奥运会男子步枪三姿决赛，实力超强的美国选手马修在打完九枪之后就领先第二名3环之多，最后一枪只要不脱靶，拿金牌就仿佛探囊取物一般。谁知道最后神奇的一枪出现了，子弹鬼使神差地打到了别人的靶子上，金牌最后被他身后的中国老将贾占波夺取。而在2008年北京奥运会上，令世人再次大跌眼镜的是，埃蒙斯又一次在大比分领先的情况下，在最后一枪仅打出4.4环的成绩，将金牌送给了另外一位中国选手邱健。

马修是神枪手，个人能力突出，是最有希望夺取冠军的选手，可是冠军最后却没有属于他。

所以，成功都要经历一个"有希望—充满希望—变成现实"的过程。

最失败的人，就是那些连希望都看不到的人。

《赤脚小子》这部影片讲的就是这样一个让人痛彻心扉的故事。

赤脚小子身无分文，目不识丁，可以依赖的只有自己的一身功夫。他光着双脚来到省城投奔老爹的朋友段青云，在"四季织"布坊落脚。他认识了出身书香门第的小莲，虽然经历了一系列误会，但两人日久情深，小莲教他写自己的名字，希望能向好的方面改造他。

可惜省城的环境并不太平，不是他生于斯长于斯的世外桃源，而是一个三教九流讨生活的大染缸，充满了尔虞我诈、唯利是图和明枪暗箭。他憨头憨脑，简单直接，天真无邪，不遮不掩，不论是被人打被人骂，还是被人欺骗被人利用，脸上总是绽放着开心的纯真笑容，始终用一双善良的眼睛观看这个丑恶的世界。可是，清澈的双眼改变不了肮脏的现实，经历的一些事让他不由得改变。

　　他一来便看中了老板娘的美丽善良，但她的四季织却面临着不断的恶意收购；他和小莲相爱，却得不到她老爸的赏识。

　　"他是谁呀？"

　　"他在四季织工作。"

　　"在四季织工作有什么出息？"

　　"他很用功，还想来这里念书。"

　　"你师兄苦读10年才有今天的成就，你自己想想吧。"

　　"他会武功的。"

　　"一介武夫，将来最多替人卖命，成不了大器的。"

　　他为四季织出头，却因为得罪了喀和布，不得不走人，临走时也不能和小莲见面。末了上船时，还因为别人给的钱比他多而被赶下船。可谓是看尽世态炎凉，历经欺辱不公。没钱没势，注定是受人欺负。于是他选择留下来，参加擂台比赛，最后成了喀和布的手下。在喀和布那里，他得了个总教头的称号，还得到了一双漂亮的新鞋。空有一身好功夫的他成为恶人们争权夺利的工具。

　　当他以为自己出人头地，小莲会对自己高看一眼的时候，小莲痛苦地对他说："你以为这样就有人看得起你了？"他的良知与生俱来，在得知真相之后，他独闯喀和布的老巢，身受重伤，杀尽众恶，命丧黄泉，同时成为小莲父亲新官上任，铲除奸恶所牺牲的棋子。

　　小莲伤心不已，孤独地继续着她的私塾教书生活，面对不用心学习，连自己名字都写不对的学生，她莫名来气，在学生承认错误后，她说："回去多练习几遍。"然后她感伤地对她的学生们说："你们都要用心学。如果一个人连自己的名字都不会写，将来还有什么出息。"

　　有的人真的是看不到希望的，不但他自己看不到，就连别人也无法从他身上看到。如果你正处在这种阶段，你会怎么办？

　　圣诞节快到了，英国伦敦街头，一个饥寒交迫的流浪汉在沿街乞讨。他已经差不多两天没有吃东西了，雪还在下，他站在一家商店的橱窗前，看着灯光，摸着玻璃想感觉一下里面的温暖。但这温暖不属于他，反而让他更加寒冷。

终于，上帝和他开了一个玩笑。他在马路上捡到了一英镑，他简直不敢相信自己的眼睛，但那确实是一英镑。可以让他吃几顿饱饭，并且待在温暖的房间里，或者买几件保暖的衣服，虽然不能买好吃的，但可以撑过这个该死的冬天。在那一瞬间，他突然想到了很多很多，有些想法连自己都觉得可怕。

他不甘心做一个乞丐，也许这一英镑就是机会，也许就可以改变一生。一英镑就让他重新燃起了对幸福生活的憧憬，现在这种希望正渐渐温暖着他，支撑着他，他甚至不觉得饥饿和寒冷，人也精神了，这一切都因为有了希望。但一英镑又能做什么呢？经过深思熟虑，最后他终于决定要用这一英镑去做鞋带生意，因为他发现马路上很多行人的鞋带经常会脱落，大冷天去鞋匠那儿换又很不方便。所以在街上卖鞋带应该会有市场的，干脆就用这一英镑全部进鞋带了，等全部卖完了再去吃饭，这对于他来说等同于一场豪赌，他把所有的希望甚至生命都押进去了，因为这场赌博将耗尽他所有的能量。

很快，他跑到鞋匠那进了很多鞋带，一英镑可以买一大捆的鞋带，等拿到这批鞋带他就有点后悔了，一天能卖掉这么多吗？管他呢，或许生意很好也说不定，他开始想象大家在抢购鞋带的情景，等卖掉几根就有钱去吃饭了，他是这么想的。他带着希望，开始沿街兜售他的鞋带。但是，没有一个人要他的鞋带，别人即使鞋带真的掉了也不愿意买他的鞋带，因为人们不愿意买一个乞丐的东西。从充满希望到绝望是一个极其痛苦的过程，但这一天他真的感到绝望，从来没有过的绝望，一点点的绝望。一天竟卖不掉一根鞋带，这次他真是输得很惨。

最后他彻底绝望了，他终于明白，人们不会买一个乞丐的东西，只是明白得太迟了。他已经耗尽所有的能量，极度的饥饿和寒冷开始侵蚀他瘦弱的身体，更可怕的是他再也无法承受精神上的崩溃。最后在街心公园，他用鞋带绑成绳子，上吊自杀了。

就要活出个人样儿来

有的人不是人，他是"仙儿"，他要的是超脱。

你见过这样的人吗？很个性，很另类，做起事来和别人很不一样，或者很不合群，对什么都不在乎，天塌下来都不担心，对什么都看得异常的开，没有什么能让他动心，说出话来还一语惊人，看到他异于常人的表现，别人都会说："您真是个仙儿，服了。"

这种人是不会为什么而奋斗的，但他们却比普通人快乐，比一般人洒脱。

有人说过一段很精彩的话："真正快乐的人有两种，一种是不知何为愁事的傻子，一种是洞察世事人生并超脱的智者。我们绝大多数人，介于两者之间，不肯成为前者，又无力成为后者，所以很难有真正的快乐。我们所能做的，只能是降低快乐的基点，哄着自己开心。哄着哄着，快乐就成了一种习惯。"

有的人不是人，他是狼，他要的是力量。

我理解。物竞天择，适者生存。狼行千里吃肉，强者就要奔跑在厮杀的战场上，肆意地猎杀牛羊，尽可能地享受大自然提供的一切美味，吃饱后才有尊严。他们不怕暴风雪的寒冷，不怕时常忍受饥饿的痛苦，不怕面对担心自己冻饿而死的恐慌。对狼来说，弱肉强食，狼拥有了力量就等于拥有了一切！所以，狼有贪婪的眼神，狼有铁石心肠，狼有速度，狼有锋利的牙齿。狼永远不会满足。它们想要得到得更多！它们不会对任何一种动物心慈手软！它们纵横驰骋，可以得到它们想要的一切！

人比狼强，还是比狼弱，你要想明白这个问题。人遇上狼绝对厮杀不过狼，人之所以成为万物的主宰，是因为他的大脑可以让他有比野蛮更高级的方式来竞争，既然人是优于狼的物种，你为什么不想着成为"人中之人"，而非要去成为"人中之狼"？

有的人不是人，他是羊，他要的是可怜。

他们身上有一种阴柔之美，安于命运，接受既定的一切，缺乏改变现实、敢为天下先的勇气；他们面对强者、强权，有的是顺从，愚忠，缺乏抗争的胆量，更不敢有取而代之的雄心；大难临头，他们敢于慷慨赴死，却没有力挽狂澜的本领。让人怜惜，让人起恻隐之心，他们自己也会有一种道德上的优越感。很多人在面对强大的力量时，他们没有表现出由衷的赞赏和钦佩，反而激起一种对自己的肯定，并促使他们反过来蔑视这种强势力量。羊是永远不会觉得狼有多威风的，他们只会感到狼的凶恶和残忍，不但相貌丑陋，而且道德沦丧、侵略成性……同时他们会认为自己是善良、可爱的代表。这种精神上的自我净化使他们对变得强大有一种排斥。

有的人不是人，他是猪，他要的是吃了睡，睡了吃。

每天可以开心地吃饭，吃到肚皮鼓鼓，然后幸福地打一个饱嗝，吃什么都会很开心，不会挑食。想睡觉的时候就可以睡觉，不用每天上班下班辛苦的挣钱。没有很聪明的脑子，所以也不用思考问题，思考人生，高高在上的理想能把一个人折磨得生不如死。他吃得饱，睡得香，不想出人头地，只求现世安稳，在职业和物欲上都满足于目前的所得。不用反抗什么，哪怕生活就是烂泥淖也把它当做现世的天堂。不去想明天有几天，不去想永远有多远，不去想幸福在哪里，闭上眼，什么都看得见。他是他生活里的最稳定因素，因而也是社会的最稳定因素。

有的人不是人，他是浑蛋，他要的是胡闹。

谁说一定要认真严肃地努力，谁说一定要乖乖听话循规蹈矩，谁说人活着就必须受苦，谁说人活着就要飞黄腾达腰缠万贯，青春转瞬即逝还不抓紧来享受？我为什么要奋斗，我为什么要有本事，我为什么要担起那么大的责任，我为什么要成为有用之才，我为什么要关心别人，我才管不了那么多呢，我爱怎么着就怎么着。不思进取怎么了，让人失望怎么了，抽烟喝酒怎么了，聚众闹事怎么了，不管不顾怎么了，我愿意！人生就是儿戏，别给我上课，别教育我，烦！讲什么道理啊，人这辈子就这么回事……

浑蛋的意识里只有"胡闹"二字，他们因无法在正常人的规则下待着而把自己归于另类，他们是昏头昏脑的，是讲不通道理的，是没有责任感的。胡闹也有快感，只不过这种快感不是一种追求，而是一种依赖。

有的人不是人，他是鬼，他要的是可怕。

仗势欺人的人，仗钱耍横的人，仗权压人的人，玩弄心机的人，心狠手辣的人，心理变态的人，冷血无情的人，深不可测的人，即便再怎么成功，再怎么强大，他们终归失去了人原本的样子。他们是抛开人的成长轨迹去变相发展的，在他们的心里已经不再承认人有任何可贵之处，是对人性的彻底叛逆。他通过把人吓住作为自己获取安全感和成就感的手段，对成功的理解完全陷入了阴暗面。他们的可怕得以在现实中成立的原因，就是我们大多数人都"阳气不足"，由于胆小残留的人性根本不足以发挥震慑性的光芒。真正的成功者是一个可以让"人"抬起头来的强者，是一个可以以"人"的姿态来对抗一切牛鬼蛇神的强者，只有把"人"的力量发挥出来并看到"人"的强大，你才可以顶天立地！

有的人不是人，他是骡马，他要的是简单。

骡马式的生活，不在于它的苦和累，而在于看不见尽头的苦和累，被奴役下的苦和累，没有独立希望的苦和累。之所以会形成这种生活，一个最大的原因就是只想用简单的方式谋生，最后变成了只能用简单的方式谋生，要用越来越多的劳动保住越来越少的生存机会。

人把"脑子"的功能放弃以后，就再也不能像人那样活着。

同样，人之所以是人，是因为他有血有肉也有骨，流血流汗也流泪，有喜有悲也有恨，并且能从各种情绪中获取力量。当你无法跟各种情绪共处时，你就只能把感情抛开或杀死。

当一个人在发生质变不再成为一个人的时候，往往会编造出许多为自己辩护的理由，靠这些理由支撑着自己，也欺骗着别人。

人之所以不愿意保持人样，是因为保持人样负担太多。其实"人样"根本就不是保持出来的，而是改变出来的。你在人的轨迹上不断改变就会越来越有人样，你脱离人的轨迹不断改变，结果就恰恰相反。

刚刚出炉的两把宝刀一模一样，刀匠想把它们磨快一些，其中一把宝刀想：这些钢铁都是十分贵重的，磨掉太可惜了。于是就把这一想法告诉了刀匠，刀匠想了想，答应了。另一把宝刀没有拒绝，经过长时间的磨砺，一把锋利无比闪着刀光的宝刀便磨成了。

你觉得哪把刀更有刀样？

人之所以是人，是因为他了解世间万物，宇宙苍生，他可以向所有不是人的东西学习，在跟一切东西对比之后最终回归人的优势，所以才成为万物之长。

人样之上，过人之处

在人的轨迹上前进你才能活得像个人，有过人之处，你才能活得像你自己。

郭靖有什么过人之处？愚愚笨笨而成一代宗师，傻头傻脑而得黄蓉芳心，平平凡凡却在成吉思汗面前也能大义凛然，不屈于其天威之下？他为什么没有在杨康的聪明前自卑嫉妒？为什么没有因为自己不适合练武而放弃？为什么得知黄蓉和自己家庭的差距后没有退缩？为什么在那么多比他强的人的面前他依然是他？直至这些人一个个在他面前相形失色？

欧阳锋被黄蓉设计困在冰柱之中，动弹不得，郭靖却道："自古道：士可杀不可辱。此人虽然奸恶，究竟是武学宗师，岂能任人嬉笑折辱？"当下命士卒用帐篷将冰柱遮住，派兵守御，任他亲贵大将亦不得启帐而观。

你能做到吗？

坚忍不拔、顶天立地、大是大非、大仁大义，这些词已不足以解释这种奇妙的现象。

过人之处不在于你已经拥有的东西，而是你心中有一个东西，你要让它成长出来，成长出来以后就使你比别人强或者比别人不差，会让你感觉无比美好。

成龙主演的第一部电影是《新精武门》。然而，《新精武门》并不属于成龙，因为此刻的成龙不过是罗维公司的掌门罗维与李小龙争狠斗气的工具。在此之前，罗维与李小龙有些过节，李小龙言：如果没有自己的帮助，罗维不过是一个失败的导演。罗维总想找一个武师来代替李小龙拍一部票房过五百万的好片，然而，已然作古的李小龙仍是成龙不可逾越的一座高山。

《新精武门》7天收入45.6万多港元！尽管这是一个不错的成绩，可跟李小龙的《唐山大兄》比，差距很大，跟突破500万港元的《精武门》更不能相提并论。因此舆论并没有太大的反应，更没有人惊呼：成龙是李小龙第二，是活着的李小龙。

导演罗维觉得继续干下去，希望还是有的，只是他想不明白：成龙功夫好，身手又漂亮敏捷，为何不能像李小龙一样一炮而红呢？

罗维于心不甘，决定继续力捧成龙，不断地让成龙拍新片。自1976年投奔罗维公司后，在两年多的时间里，成龙为罗维公司拍片10多部，令人感到郁闷的是，成龙一直没能像李小龙那样大红大紫。

袁和平从罗维公司的电影中认识了成龙，他发现，这个身形魁梧、粗犷的年轻人，并无那种冷峻、刚烈的肃杀之气，他认定成龙不适合演那类具有叛逆性的英雄，也演不了那种英俊潇洒的正面英雄形象。李小龙占据了天时、地利，成为功夫片中的一座丰碑。他这样一位天造之才，其影响之大、流传之广，当然难以超越。但成龙身上又确实有一种与众不同的特别味道。是什么呢？袁和平一时捕捉不到，他梳理着成龙的优点：身手敏捷、灵活，动作很有韵味与节奏。

带着探究的心思，袁和平一遍又一遍地观看成龙的电影，成龙以前拍的多是动作片，赤膊上阵，从头打到结尾，从生打到死。最后，袁和平从成龙偶尔的展颜一笑及克敌制胜后的得意神情中，发现了成龙特有的调皮精灵的气质，最后袁和平下了结论，这种带有孩子气的调皮极具喜剧色彩，若是让成龙扮演喜剧性的人物一定能成功，于是《蛇形刁手》诞生了。

影片上映15天，便收入港币270万元！是成龙过去主演的影片的几倍！

袁和平另辟蹊径，把在李小龙时已登上高峰的武打片引向了一条新路，创造了全新的谐趣武打片。

谐趣性的武打片是一片全新的天地，在这片天地里没有"巨人"的阴影，成龙可以大展拳脚。否则，跟在李小龙的身后，被世人以李小龙形成的思维定式来评头论足，犹如削足适履，无怪乎步履维艰。

成龙来到了一片自由的天地，身上蕴涵的喜剧色彩和顽皮男孩古怪精灵的鬼点子都发挥了作用。他擅长动脑筋，会想办法，积极性一经开发，奇思妙想便源源而来。沉浮经年、苦苦追求的成龙，终于一鸣惊人！袁和平慧眼识才，功不可没！

不久，犹如平地一声雷，《醉拳》上映了，迅速掀起了一阵狂飙！观众如潮般涌向影院，争睹成龙的喜剧武打片！连续上映了一个月，上座率惊人！30天的票房收入达670多万港元，成绩直追李小龙的《精武门》！成龙大红特红了，很具戏剧性的是，此影片播出后，人们称他为"李小龙第二"！

成龙成名前拳打脚踢演武打片，想成为李小龙第二，却不被承认。如今他在袁和平的帮助下，立志成为自己，却被人称为"李小龙第二"！人们是从什么角度评价的呢？人们的意思是，李小龙之后，终于有第二个人可以让他们再次产生李小龙曾经带给他们的感觉了。人们看到的不是李小龙身手的影子，而是李小龙"我乃最好"的影子。后来那么多模仿李小龙身手的人，他们哪个让你看到李小龙的这种影子了？

成龙对自己今后的发展方向有了一个明确的认识，那就是要做自己，学别人、靠模仿是没有出路的。即便是自己很佩服的李小龙，他也不会再去盲目跟从，而是从自己身上看到了李小龙没有的东西。从此他才知道，成龙就是成龙！

记得黄家驹曾说过："我最大的理想，就是Beyond可以作世界巡回表演，可以带给外面的朋友看看，我们香港也有自己的乐队，我们香港的乐队也有一定的水准。"

记得刘翔说过："谁说黄种人不可以拿冠军？"

记得巴尔扎克曾自诩要超过拿破仑，"他的剑做不到的，我的笔能完成"。他的确做到了，虽然他只活了50岁，却留下了许多伟大的作品，为全人类创造了巨大的精神财富。

记得刘邦说："运筹策帷帐之中，决胜于千里之外，吾不如子房。镇国家，抚百姓，给馈饷，不绝粮道，吾不如萧何。连百万之军，战必胜，攻必取，吾不如韩信。此三者，皆人杰也，吾能用之，此吾所以取天下也。"

　　一个人有过人之处，不是你比别人好，而是你有自己的东西，而且你深信一旦把你自己的东西发挥出来，在你心里，你自己就比任何人都好！你可以继续佩服其他人，你可以继续向他们学习，只是你再也不必去怀疑自己！

　　人不是因为有过人之处而自信，是因为自信而有过人之处！

　　但你不会轻易找到"你自己"，也不是每个人都有"自己"。

　　有一个人厌倦了自己现在的样子，打算去朝圣，以便得到神的启示。为了让自己的心显得虔诚，他没有带任何钱财，每天只睡五个小时，每天只吃一餐，看起来像个乞丐。有人往他口袋里塞钱，他拒绝了。其间差点饿死，但都熬了过来。他终于到达了圣地，看到了神像。他顶礼膜拜，觉得没有遗憾了，就想回家。回到家面对镜子里那个蓬头垢面的汉子，他吓了一跳，没想到自己竟然变成了这副模样。

　　"这还是我吗？"他问。

　　他赶紧把胡子刮了，洗了个澡，换上以前穿的衣服，再次站到镜子前，那个蓬头垢面的男人不见了，可是他还是认不出眼前这个男人是谁，他再也找不到自己了。

获取，完成，自我拯救

成功首先是一种获取的能力。不得不承认，相当一部分成功者都是"物质获取型"的。你能赚钱，能把想要的东西弄到手，你就被认为是成功者。这不难理解，这就像狮子的成功绝不在于它有多么强壮，有多么锋利的爪牙，有多么威风的震慑力，而在于它能不能获取猎物。不难想象，在自然界，一只食肉动物没有很强的捕猎能力，它的命运将变得多可怕，也不难想象，人如果没有挣钱的能力，他的人生将变得多悲惨。

有这么一个故事：在一个草原上到处都是羚羊，两只狮子来到了这里，它们一下子像进入了天堂一样。其中一只狮子每天不用费劲就可以吃得饱饱的，这种没有挑战性的工作让它变得懒洋洋的，饿了就出去逮一只羚羊吃，吃饱了就舒服地睡觉。因为羚羊实在是太多了，有时候不出去找食物，羚羊都会自己送上门来。所以它对另一只狮子的行为很不解。原来它的同伴每天都早出晚归，而且回来还显露出一副没有吃饱的样子。"不会吧，它为什么每天都吃不饱呢？那么多羊难道它逮不到吗？"于是它决定探个究竟。

第二天它的同伴出去了，它跟在后面远远地望着对方。只见对方所到之处羚羊尽皆四散，剩下那些落下的老弱和幼小者，可是它的同伴并不朝它们下手，而是奋起直追那些跑得最快的羚羊。它笑了："怪不得你总挨饿呢，这么个捕食法不把自己饿死也把自己累死了。"

于是它又回去睡觉，这时候它的父亲托梦给它，对它说："孩子，你要提防你的同伴啊，迟早你会死在它的手里。"它醒来后觉得不可能，对自己说："没什么可怕的，它是我的同类，我们是朋友，再说了，这里的羚羊这么多，它又吃不完，我对它又没有什么威胁，真是可笑。"

过了一段时间，这只狮子出去捕食的时候，发现自己很难追上猎物了。"怎么了，是不是我太胖了，体能下降了，动作没有以前快了？好吧，是该多活动活动了。"于是它每天要费很大的劲才能捕到一只跑得慢的羊。后来它的体力逐渐恢复，感觉跑得和以前一样快，可是不像以前一样能顺利地捕到羊。"怎么回事？明明跑得跟以前一样快啊。"

原来，由于另一只狮子的追赶，现在整个草原上羚羊的奔跑速度都加快了，更可怕的是不是加快了一些，羚羊的奔跑速度可以用"极快"来形容。这只狮子渐渐感觉到即便自己用尽全力也无法吃饱。

后来，草原上的羚羊越来越少了，存活下来的这些猎物根本就不是它能追上的。于是它越来越瘦，越瘦就越没有力气，越没有力气就越追不到食物。它想起了刚来到这个草原的时候，它的同伴每天也是很瘦，可是那时的羊跑得没有现在这样快，它们的年纪也没有现在这么大，它已经没有办法再去和羚羊们比速度了。在它快饿死的时候，它明白了为什么当初同伴放着那些容易的食物不逮，为什么逮不到那些跑得很快的羊也不回过头来拣一只跑得慢的吃掉，想来不仅是为了锻炼自己，还是在保持"饥饿感"啊。

即便你是强者，即便竞争看起来很不激烈，你也可能有一天捕不到食物。真正的成功不是为了不饥饿，而是为了永远不饥饿！为了这一点，你却需要永远保持"饥饿感"，真是奇妙的矛盾。

同样，为了获取财富，获取机会，获取资源，获取帮助，获取希望，获取人心……从保持"饥饿感"开始吧。

成功有时候是一种完成某个目标的能力。这种成功者是"目标完成型"的，我们觉得他们了不起，不是他们"能挣很多钱"，而是"能做成一件很了不得的事"。

1832年，林肯失业了，他下定决心要当政治家，当州议员。糟糕的是，他竞选失败了。

接着，林肯着手自己开办企业，可一年不到，这家企业又倒闭了。

在以后的17年间，他不得不为偿还企业倒闭时所欠的债务而到处奔波，历经磨难。

随后，林肯再一次决定参加竞选州议员，这次他成功了。他内心萌发了一丝希望，认为自己的生活有了转机。

1835年，他订婚了。但离结婚的日子还差几个月的时候，未婚妻不幸去世。

1836年，他得了精神衰弱症。

1838年，林肯觉得身体良好，于是决定竞选州议会议长，可他失败了。

1843年，他又参加竞选美国国会议员，但这次仍然没有成功。

1846年，他又一次参加竞选国会议员，最后终于当选了。

两年任期很快过去了，他决定争取连任。但结果很遗憾，他落选了。

他赔了一大笔钱，申请当本州的土地官员，但州政府把他的申请退了回来。

1854年，他竞选参议员，但失败了。

两年后他竞选美国副总统提名，结果被对手击败。

又过了两年，他再一次竞选参议员，还是失败了。

1860年，他当选为美国总统。历经磨难的他终于成功了。

如果你这辈子非要去干成某件事，那你就是这种人，"历经磨难"是你唯一要记住的四个字。

不管你能挣很多钱，还是能做一件多么了不得的事，能"脱离苦海"，能随时拯救自己才是最高境界。拥有很多钱却不幸福，干成了一件事却没有好下场，这还都差一个境界。能最后完完全全把握命运的才是高明的成功者。这才是"自我拯救"的意义。

汉初三杰中结局最惨的就是韩信。他左右得了战争却左右不了命运。他手握重兵、功高震主，身处极易招来杀身之祸的境地却毫无自我保护意识，多次受到猜疑诬陷却从不在意、不思改进，先是被贬为淮阴侯，后被人告发谋反，吕后就与相国萧何密谋，将韩信诱至长乐宫钟室杀之，并夷灭宗族。

萧何治理得了国家却治理不了人生。夺取天下后，他的举动曾让刘邦三次怀疑他心怀异志，每一次都处于极度危险的境地。幸亏每次都有人出来提醒他，才用极大的代价化险为夷。在最后一次危机的处理中，为了释去主上的疑忌，保全自己，他不得不违心地做些侵夺民间财物的坏事来自污名节。虽然幸免于难，却最终被刘邦打入大牢。从监狱里出来已经是60多岁的老人，变得憔悴不堪。从此以后，他对刘邦更是诚惶诚恐，虽然刘邦照例以礼相待，但从此萧何对国事只能保持沉默了。

唯有张良保持清醒的头脑把命运一直把握到了最后。在汉朝建国后的封赏会上，他谢绝了刘邦对他万户侯的封赏，在刘邦的一再劝说下，他挑了一个没人要的偏远贫穷的小县城留县，随即以体弱多病、假托神道为由向高祖告假，表示从此不问世事，归隐山林，得以善终。

所以有人说张良不用人提醒就知道危险的存在，并且提前想好了自救的办法；萧何是需要人提醒才知道危险的存在，虽能自救却代价极大；而韩信身边连个给他提醒的人都没有，最后糊里糊涂地玩完了。

苦海深不可测，没有边际，所以才叫苦海。我们不害怕黑夜是因为我们知道天什么时候会亮。你也必须看到苦海的边，才能从中走出来。否则只是在苦海中继续前行，愈行愈苦，虽然看上去什么都有，却是仍在苦中，无法自救。

你得到的不仅仅是成功

一个黄昏，静静的渡口来了四个人，一个富人，一个当官的，一个武士，还有一个诗人。他们都要求老船公把他们摆渡过去。老船公捋着胡子："你们得说出你们过河的理由。"

商人掏出白花花的银子说："我有的是金钱。"

当官的不甘示弱："你要摆渡我过河，我可以让你当一个县官。"

武士急了："我要过河，否则……"说着扬扬握紧的拳头。

"你呢？"老船公问诗人。"唉，我一无所有，可我如不赶回去，家中的妻子儿女一定会急坏的。"

"上船吧！"老船公挥了挥手。

诗人疑惑着上了船："老人家，能告诉我答案吗？"

"因为只有你过河是为了别人，让你过河才是最有意义的。"

这个故事不是告诉我们你为别人奋斗就会成功，而是告诉我们成功的真正意义是自救和为更多的人。

你的人生充满希望，你活得像个人，你活出了你自己，你能够完全把命运掌握在自己手里，你成功了，但你发现成功的意义不止于此。

比尔·盖茨的成功不仅是成为了世界首富，同时他的Windows系统还造福了我们每个人；

刘翔的成功不仅仅是他拿了世界冠军，同时他还让我们扬眉吐气，激励我们奋斗；

冯小刚的成功不仅仅是他取得了亿万票房，同时他的电影还让我们度过了美好的时光；

……

真正的成功不仅可以使成功者光芒四射，还可以使这个世界大放异彩。这是成功者和强大者的区别。成功者大都有一颗强者之心，而强者未必有成功者的觉悟。

吕布天下无敌却沦为"三姓家奴"，希特勒不可一世却最终灭亡，他们终究不是成功中人。

松下幸之助认为，经营者首先应是一个责任者。他的责任是非常重要的，因为他是对自己负责，是对全体员工负责，是对社会大众负责，是对国家民族负责。一般而言，经营者能顾及自己赚钱和为员工造福就不错了。但是，松下先生认为这是远远不够的，他认为经营要以创造价廉物美的产品为目标，造福社会大众，促进国家民族乃至全人类社会的发展。

松下幸之助9岁的时候，到自行车店当学徒。他勤奋、诚实，做事肯动脑筋，受到老板和大师傅们的喜爱。就这样干了好几年，他梦想自己有一天也能推销自行车。

机会终于来了。一位富商派人到店里来，打算买一辆自行车。富商急于想看货，大师傅们都不在，老板只好对15岁的松下说："你去试试吧。"

他振奋精神，吃力地背起一辆自行车信心十足地送到富商家。见到买主后，少年松下立即尽一切所知，不厌其烦地介绍自行车的性能和优点。最后，他鞠了一躬，有礼貌地对富商说："这是品质优良的自行车，请您买下吧，拜托了！"那位富商面带微笑听完少年松下吃力的介绍后，说："真是个热心可爱的好孩子。好吧，我决定买下了，不过，要打九折我才能买，你说怎么样？"松下的销售梦想实现了。

谁知老板听说后立即变了面孔，板着脸说："谁叫你以九折出售的？你再去买主家，告诉他，只能减价5%。"老板的命令不能违抗，但要松下改变承诺，他也实在难以启齿。他哭着请求老板答应以九折出售。富商派人了解了情况后说："即使只减价5%，也买了。只要这个孩子仍在这家店里，我以后绝不到别的店里买自行车。"

1968年，松下公司举行了创业50周年庆典。从此开始，松下公司在做生意的同时，有意识地向承担社会责任的方向发展。在幸之助的主持下，组建了以纪念明治维新志士为主题内容的灵山显彰会，松下公司还为"儿童交通事故预防基金"捐款50亿日元。针对日本各地发展不均衡现象，松下公司采取了一个特殊的工厂布局措施，就是在发展不足、人口大量减少的欠发达地区设厂。尽管在欠发达地区设厂会增加企业成本，但能带动当地的经济和社会发展。1971年，幸之助又担任了飞鸟保护财团的理事长，致力于历史遗产的保存和日本精神的传承。

1973年，80岁的松下幸之助下定决心，辞去会长一职，仅担任顾问。但他依然没有停止思考和社会活动，恰恰相反，他对社会事务更加关心，也对经营管理有了更多思考。在他辞去会长的同时，为"社会福利基金"捐赠了50亿日元。1983年，幸之助又担任了国际科学技术财团会长和21世纪协会会长。1988年，幸之助向国际科学技术财团赠送松下电器株式会社股份1000万股。大量捐赠、慈善、公益活动，几乎花费了这位老人的所有时间和大部分财力，关于企业经营、国家管理和社会发展的思考，成为他这一时期思考的主题。

用俗人的眼光看，松下幸之助名利双收，福寿两全；用商人的眼光看，他事业发达，公司兴盛；用文人的眼光看，他实现了立德、立言、立功三不朽。经营成功的企业家如过江之鲫，而像松下幸之助这样能够进入管理思想史的企业家却为数不多。尽管在幸之助逝世后，松下公司的经营已经出现了种种问题，但是，这不能抹去松下幸之助的成就和思想贡献。正如福特公司被通用公司超越了，但亨利·福特依然被人们铭记一样。

有一个寓言故事：上帝创造了三个人，他问他们："到了人世间，你们准备怎样度过自己的一生？"第一个人回答："我要充分利用生命去创造。"第二个人回答："我要充分利用生命去享受。"第三个人回答："我既要创造人生又要享受人生。"上帝给第一个人打了50分，给第二个人打了50分，给第三个人打了100分。他认为第三个人才是最完美的人。

第一个人来到世间，表现出不平常的奉献感和拯救感。他为许多人带来了福利，却不求回报。他为真理而奋斗，屡遭误解也毫无怨言。慢慢地，他成了德高望重的人，他的善行被广为传颂，他的名字被人们默默敬仰。他去世时，所有人都依依不舍，人们从四面八方赶来为他送行。直至若干年后，他还一直被人们深深怀念着。

第二个人来到人世间，表现出了不平常的占有欲和破坏欲。为了达到目的，他不择手段，无恶不作。慢慢地，他拥有了无数财富，生活奢华，妻妾成群。后来，他因作恶太多而得到了应有的惩罚，命丧黄泉。若干年后，他还一直被人们深深痛恨着。

第三个人来到人世间，没有任何不平常的表现。他为自己的家庭，过着忙碌而充实的生活。若干年后，他静静地离开人世。

最后，人类为第一个人打了100分，为第二个人打了0分，为第三个人打了50分。上帝认为，这个分数，应该是他们的最终得分。

第七章

成功相的养成

离本书要说明的主题越来越近了！在祛除了六种魔鬼相、抽自了五种痛苦相，远离了八种败相以后，我们要说本书最终的主题，如何打造属于自己的"成功相"，也就是说，如何才能让自己在他人面前看上去更像个成功者，如何才能让自己更富有魅力和吸引力，如何才能让自己受到众人的崇拜和追棒？

但是在打造出属于自己的成功相之前，一定要明白以下的道理，只有清楚地明白了以下这些话，那么，你才能更容易地打造属于自己的成功相！

● 成功相不是天生就有的，更不是学来的，而是后天培养出来的。后天的成长环境和成长过程中的不同选择，会决定你有什么样的面相。所以，这个世界不存在什么天才，也并不是说，一个人天生就会成为一个成功者，更没有生来都魅力四射的婴儿。

◆ 成功相不是学来的，而是培养出来的。气场也并非天生的，后天的环境和成长中的不同选择，会决定你拥有什么样的气场。所以，这个世界不存在什么交际天才，也不会有生来便魅力四射的婴儿。当我们处在共同起点时，所有人都是一样的，一个颜色，一种气味；但是10年之后，我们就会有天壤之别！因此，请不要浪费任何一个10年！

◆ 如果只有能力而毫无气场，你将怀才不遇，就像埋在沙堆里的金子；如果能力一般而气场无穷，你将吉星高照，好运总会在你身边；如果既有能力又有气场，那么无论做什么，你都会春风得意。

◆ 成功不在于你知道什么或者你知道谁，而在于你受欢迎的程度。一个受欢迎的人，他通常被认为是值得信赖的、积极主动的、认真的、有决断力的和努力认真地生活的。在公司，他们更易获得快速的升职和慷慨的加薪；在生活中，他们的朋友最多，家庭关系最和睦，伴侣幸福度最高。而不受欢迎的人，则通常被视为是傲慢的、冷淡的、印象不佳，即便胸藏万卷、能力出众，也往往会遭到上司的忽视和亲人的不信任。

短暂的表情成不了相

如果人生是一场戏，你是想得到"成功"这个角色，还是想演好它？

太多的人都为得到这个角色而奋斗，结果得到之后把"成功"演成了一部烂片。

有一个人，5年前离开家乡到外地打工。先是在一个工地上给人打工，那时的他不怕苦不怕累，无论条件多么恶劣他从来都是干劲十足，别人说他是傻子，他却知道早晚有一天自己会比这里的任何人都强。他从来不乱花一分钱，在每个月工资很低的情况下，他把其中的大部分都寄给家里，剩下的钱攒起来，慢慢越攒越多。

他虽然穷，但他聪明，而且胆子很大。他把手里的钱用来批发衣服，然后一个人摆夜市，质量和款式都说得过去，但他卖价很低，一件衣服赚5块。因为便宜，第一批50件，3天不到全部卖出。后来一次进货的数量由100件增加到300件，一个月所得的利润远远高于他以前的工资。他辞去了工作，开始往老家倒腾手机。起先他先弄了10部一百多块钱的便宜货，每部加20块钱卖给亲戚，后来就有人去他家里拿货。后来租了一家超市门口的两节柜台，手机样式越来越多，价格虽然还是很低，但生意越来越好，后来又租了一间稍大的门面。这时他感觉自己成功了。他终于露出了胜利者的表情。他历经艰苦终于使自己的角色得以转换，从此他可以扮演一个"成功人士"了。

后来发生了什么？后来他雇了店员，自己当老板。穿西装戴领带出去进行各种应酬，请这个吃饭，请那个洗浴，有时候一顿饭就花几千块。感觉自己是个人物了，就找了一个漂亮的女友。店里的运转也交给女友打理。为了提高赚钱速度，他们提高了手机的价格，但销量大不如前，而且各方面的支出却降不下来，后来甚至入不敷出。

他那个漂亮的女朋友看到这种情况，也就跟他分手了，这对他来说是个不小的打击，店铺关了几天门就转让出去了。虽说赔了很多，手里仍落下点钱。有人劝他好好利用手里的钱从头来过，他说，不来了，成功也没什么意思。后来他又到了工地上继续干那些重活，只不过现在的他已不是当初充满斗志的模样，而是看上去非常的落寞。至于他的名字，到现在也没几个人知道。

成功前我们为成功奋斗，成功后的事就很少有人去思考，因为不用思考，成功了你还思考什么？你所做的一切不就是为了成功吗？这就像一个人说他的梦想是成为一名演员，当他真的有了拍戏的机会，却不知道怎么演戏一样。

我们想尽办法获得成功，同时我们也该想尽办法让自己在成功后能够胜任成功。

有个年轻人听说在遥远的海边有一块魔石，得到之后可以实现自己的愿望。于是不远万里，来到海边寻找传说中的石头。可是，当他来到海边，却看到了无数的碎石块不规则地散布在沙滩上，这怎么找呢？他想了很久很久，为了能区分已经看过的和没有检查过的石块，年轻人开始将石块一块一块地捡起来检查一下，然后扔到海里。年复一年，原来的年轻人，变成了现在的老人，心里有一件事情在激励着他，让他无数次捡起石块，端详良久然后扔掉。终于有一天，他发现了传说中的不老石，他成功了。但是当他拿着这块石头看来看去时，却不知道怎么让这块石头发挥威力，于是他只能可悲地继续变老，直到死去。

所有的成功都跟这块石头一样，我们想到的都是怎么样得到它，而没有想过得到以后怎么办。成功已经不仅仅是"拥有"那么简单。你的目标如果只是得到某件东西而不是同时变得更成熟，那在你得到那件东西时的欣喜无比绝对不会在以后更长的岁月里得到延伸。

有的人胆小懦弱，常受人欺负，他会在看到某部暴力电影后出现心理变化，当再受人欺负时会变得狠起来。问题是这股劲过去之后，他可能再次回到以前的懦弱状态。

　　有的人做错事后，会以一副痛改前非的模样请求原谅，甚至指天为誓，在那一刻你会真的相信他以后不再做这样的事情，可是一段时间后他还是故技重演。

　　有的人穷到一定地步，就发誓自己决不能再这么下去，让人觉得他要重整旗鼓，当赚了一些小钱以后，他又开始不着急了。

　　有的人侥幸成功一次，高兴过后，就再也没有成功过。

　　……

　　新盖的茅房都有三天香，冲动的人也有三天热乎劲，我们无数次看到这样的人，也无数次看到这样的自己，我们为之深深失望，总觉得根本无法突然变成那个满意的自己。

　　是我们把这个过程想得太难了，所以走下去更难。

　　一个酒腻子觉得自己这一辈子也戒不了酒，走在街上一眼就能看出这是个酒鬼，他能毫不费力地形成如此根深蒂固的酒鬼相，为什么成为别的相就那么难呢？

　　每个人都会在某一方面成相，关键是你成的是什么相。

　　一根小小的柱子，一截细细的链子，拴得住一头千斤重的大象，这不荒谬吗？可这荒谬的场景在印度和泰国随处可见。那些驯象人，在大象还是小象的时候，就用一条铁链将它绑在水泥柱或钢柱上，无论小象怎么挣扎都无法挣脱。小象渐渐地习惯了不挣扎，直到长成了大象，可以轻而易举地挣脱链子时，也不挣扎。可是当一只老鼠出现在它面前的时候，它受惊把柱子弄倒后，就再也不相信这种捆绑了。

　　驯虎人本来也像驯象人一样成功，他让小老虎从小吃素，直到小老虎长大。老虎不知肉味，自然不会伤人。可是他在一次摔了跤之后让老虎舔净他流在地上的血，老虎一舔就一发不可收拾，最后将驯虎人吃了。

　　酒腻子也是同样，有的人爱喝酒，根本不想着戒，但有的人是深深感到每天喝酒的痛苦，想戒戒不了，这种人只要像大象和老虎一样碰到一件让他看到真面目的事情，他就会完全改变的。

　　一个人想成功却不知道怎么成功，或觉得就算成功了也不适合过那种"成功人士"的生活，就更需要有一件事来改变他。

　　一个男孩在读中学时，父母为他选择的是一条文学之路。不料，一个学期下来，老师为他写下了这样的评语："很用功，但过分拘泥，这样的人即使有着完美的品德，也绝不可能在文学上有所成就。"父母只好尊重儿子的意见，让他改学油画，可他对艺术的理解力也不强，成绩在班上倒数第一。老师的评语是："你在绘画艺术上是不可造就之才。"直到化学老师认为他做事一丝不苟，具备做好化学实验应有的品质，建议他试学化学。于是，这个男孩智慧的火花一下子被点燃了，并且在1910年获得诺贝尔化学奖。他的名字叫奥托·瓦拉赫。

　　还有一个真实的故事：有个年轻人对任何形式的成功都很抵触，因为他看到所谓成功的人无非每天就是花天酒地，钩心斗角，互相利用，欺负弱者，如果是这样的话，挣那么多钱干什么，成为那些有头有脸的大人物有什么意义？他虽然工作起来表现得很出色，但从来都是以与人无争为标准，一旦有人排挤他，他就会主动辞职离开。直到有一天他进入了一家新的公司，感到现在的老板跟以前的都不一样，这位老板每天踏踏实实地工作，对每个人都没有架子，更让他想不到的是，老板同时在资助几十位贫困学生上学。在那一刻他才知道有钱人还可以这么做，而且他还看到要做一个对社会有用的有钱人比一般的赚钱者需要更多的智慧和品质，他突然特别想做一个这样的人，以前所仇视的一切在现在都可以变得有意义。何乐而不为呢？

　　人不仅需要为成功找一个理由，更需要在成功后为演好"成功者"这个角色找一个让自己豁然开朗的方向，不要让自己成为一个能"抢角色"而不会"演戏"的人。成功不易，更需好好珍惜。

远离不测，全胜之道

对台球运动有研究的人都知道，一般人就是能把球打进，高一个档次是打进一个球后把白球走到打下一个球的位置，最高水平是从打第一个球开始就已经想到了怎么把全部球都打进。再比如说下棋，有的人想一步下一步，有的人下一步想三步，有的人下每一步都能想透全局。这就是"全胜之道"的第一种表现：把握全局。

有一个故事：约翰是一位优秀的商人，在思考了相当长的一段时间后，他把儿子叫到跟前，微笑着说："我最近看好了一个很好的女孩子，我要你娶她。"

儿子听了很不满："我不是小孩子了。我自己要娶的新娘，我自己会决定的！"

"但是，我说的这位女孩可是洛克菲勒的女儿哦！"约翰面带诡笑，对儿子说。

"哦，那样的话……"儿子笑了。

不久之后的一个聚会上，约翰走到洛克菲勒面前，对他说："我想帮您的女儿，介绍个好丈夫。"

洛克菲勒一脸愕然，说："我的女儿还没想嫁人呢！"

"但是我说的这位年轻人可是世界银行的副总裁哦！"

"哦，那样的话……"洛克菲勒笑了！

聚会结束的第二天，约翰很巧妙地创造了个机会去见世界银行的总裁。他说："我想介绍个很优秀的年轻人来当贵行的副总裁。"

总裁一脸不耐烦，对他说："我们这里已经有很多位副总裁了，够多了！"

"但是我说的这位年轻人可是洛克菲勒的女婿哦！"

"啊？那样的话……"总裁马上一脸欣喜。

很快，约翰的儿子娶了洛克菲勒的女儿，同时，当上了世界银行的副总裁。

这个故事也许是虚构的，但这种做法绝对不是虚构的。世界可能就是这样的不公平，但又是这样的符合某种逻辑。

"全胜之道"的第二个表现是，完全优势。

禅师有两个弟子，每天早上，两个弟子都要去山下村东头的路口边挑两担水。起初，两个弟子都沿着山上的大路走，半小时后即可到达。有一天，小弟子发现了一条通往山下的近道，沿此而去，只需20分钟即可到达，只是路面崎岖，所以很少有人走。两个弟子就这样每天挑水，小弟子坚持走小路，大弟子坚持走大路。

直到有一天，寺院来了第三个弟子。令禅师意外的是，第三个弟子每天总是最先完成挑水的任务，两位师兄无论如何都赶不上。

这天早上，禅师便问第三个弟子是如何超越两位师兄的。弟子淡淡一笑，说："其实很简单，我只是去时走小路，回来时走大路罢了。因为小路容易因洒出水来而变滑，回来时就不能够再走。而大路早上挑水的人多，由于去时节省了时间，正好赶在了他人拥挤的缝隙，所以快了许多。"禅师一想，会心地笑了。

随后，禅师借题发挥，说道："的确，人生宽窄都是路，大路人人想走，平坦但是拥挤；小路都不愿意走，崎岖但距离近。走什么路，并无定法，重要的是根据实际情况打破常规。既要学会走宽路，也要学会走窄路，这样的人生，才会超越他人。"

"全胜之道"的第三个表现是，当自己不足以成功时要先弥补不足才能求胜。

有这么一个故事，说有两个人在沙漠里走投无路，碰到一位神仙，神仙扔给他们一筐鱼和一根钓竿，让他们各选一样，甲选了一筐鱼，而乙选了钓竿。甲想在这大沙漠里，钓竿有什么用，还是现成的鱼来得实惠点，但是很快，鱼吃完了，他还是未能走出沙漠，饿死了。而乙呢，他想一筐鱼很快就会吃完，不如钓竿，等到了有水的地方我就有吃不完的鱼，但是他找了很久，都没能找到水，最后精疲力竭，也饿死了。

很多年以后，又有两个年轻人同样因为迷路到了这个人迹罕至的地方，在他们山穷水尽的时候，遇到了一位老人，老人手里有两样东西，钓竿和有一些鱼的鱼篓，他们向老人求救，老人依然分别送给他们每人一样东西以后就走了。

两个年轻人是好朋友，他们商量，我们不能分开，两个人的力量和智慧肯定比一个人大，我们共同吃着这些鱼去寻找钓鱼的地方，边钓鱼边向有人的地方靠近就有救了。

果然，在鱼篓里的鱼将要吃尽的时候，他们找到了钓鱼的地方，一个上午就钓了十多斤鱼。而后，他们把钓的鱼晒成鱼干，向着来时的路走。不久又发现了钓鱼的地方，他们又钓了很多的鱼。十几天以后，他们成功地从死亡之地脱困，回到了出发的地方。

"全胜之道"的第四个表现是，一劳永逸。

古时候，有个皇帝特别爱好算命，在皇宫里有一位算命先生，皇帝对他佩服万分。有一天，这名算命先生算出宫中会有一名妃子在8天之内死亡。后来，果真如此，皇帝吓坏了，他想，若不是算命先生杀了那名妃子，就是他算得太准了。算命先生的法力威胁了皇帝，不管是哪种情况，这位算命先生都得死。

于是，有一天，皇帝召见算命先生，事先埋伏好士兵，让士兵等他的暗号，他一摔杯子，埋伏的士兵就冲出来抓住算命先生，把算命先生推出去斩首。算命先生到了皇宫，皇帝在发出暗号之前问了算命先生最后一个问题："你声称会算命，而且清楚别人的命运，那么告诉我你的命运会如何，你能活多久呢？"

算命先生从容地回答说："陛下，我会在您驾崩前三天去世。"皇上听了握紧了手中的酒杯，迟迟没有下达暗号。就这样算命先生保住了自己的性命，而且还比皇帝多活了几年。

总之，全胜之道就是，打有把握之仗。

那么什么是"奇胜之道"呢？有的人总爱研究一些旁门左道，不按常理出牌，特别欣赏"背水一战"、"置之死地而后生"这种神奇的智慧，以为这是"奇胜之道"，其实不然。"奇胜"绝不是用"奇怪"的方法去取胜，而是用别人看不懂的方法去取胜，前提就是别人看不懂但你要看懂。处于非常境地的应变能力是"险中求胜"，千万不要误以为"成在险中"。

某大公司招聘，经过层层筛选和考试之后，只剩下三名技术最优秀的竞争者。主考官问他们："悬崖边有块金子，你们开着车去拿，觉得能距离悬崖多近而又不至于掉落呢？"

"两米。"第一位说。

"半米。"第二位很有把握地说。

"我会尽量远离悬崖，愈远愈好。"第三位说。

结果这家公司录取了第三位。

多算多胜，少算少胜，不算不胜

　　战国的楚王很是宠爱一位叫郑袖的美女。不久，楚王又得到另一位美女。楚王喜新厌旧，便冷落了郑袖。郑袖是一个很有心计的女人，便暗地算计新美人。郑袖先是佯装与新美人套近乎。新美人对郑袖的热情毫不怀疑，并且心生感激。有一天郑袖暗地告诉美人：楚王心情糟糕时，如果看到女人掩鼻遮口的羞涩模样，就会很开心。新美人相信了，每次楚王心情糟糕时，便做出郑袖教给她的羞涩模样来。楚王十分奇怪，郑袖乘机告诉楚王：新美人说大王身上有异味，见面时必须掩着鼻子。楚王一听，一怒之下令人割掉美人的鼻子，驱赶出宫。于是，郑袖成功夺回了楚王的宠爱。

　　可见，人心莫测，不得不防。

　　我们看电视都有这样一种感觉，就是那些争来斗去的人最后都没有好下场，而那些老老实实的人最后反而胜利了。这是一种错觉。那些老老实实的人之所以活了下来是因为他一直对别人没有威胁，如果对别人产生了威胁你还没什么心机，那就只能是死路一条。要在别人都羡慕的位置存活，你必须有过人之处。你怎么确认自己真的有过人之处呢？

　　秦朝末年，匈奴政权出现大幅变动，朝纲不稳。它的邻居，一个强大的民族——东胡，趁机向匈奴恣意索取，毫无顾忌。东胡故意找碴儿，要匈奴献上国宝千里马。匈奴的将士和大臣均说东胡做事过分，国宝决不能随随便便送给他们。匈奴单于冒顿却说："给他们吧！不能因为一匹马而伤了两国的和气。"匈奴的将领们很是不服，冒顿却若无其事。

　　东胡见匈奴不知反抗，认为匈奴软弱可欺，便向冒顿要一名妻妾。众人见东胡不仅不满足，反而得寸进尺，人人气愤，冒顿却说："给他们吧，不能因为一名女子而伤了双方的和气。"东胡数次对匈奴提出无理要求，均不费吹灰之力轻松得手，便认定匈奴不堪一击，根本不把匈奴放在眼里。而这恰是冒顿单于所设想的。

不久之后，东胡看中了两国交界处的一片荒原，这片荒原乃是匈奴的领土。东胡派使臣去向匈奴索此地。匈奴众将认为这片荒原是杳无人烟之地，这次恐怕冒顿又得答应了。谁知冒顿这次却突然说道："千里荒原虽杳无人烟，但也是我匈奴的国土，怎能随便送人？"于是，下令收整部队，进攻东胡。匈奴将士由于受够了东胡的气，战时人人奋勇杀敌，锐不可当。东胡抓破脑袋也没有料到那个痴愚的冒顿会突然攻打自己，所以毫无准备，仓促应战，但怎可抵得上匈奴的强壮精兵。结果匈奴趁机消灭了东胡。

可见，"算"不是简单的猜测。

秦朝末年，楚汉相争。有一次，韩信率领1500名将士与楚王大将李锋交战。苦战一场，楚军不敌，败退回营，汉军也死伤四五百人，于是，韩信整顿兵马也返回大本营。当行至一山坡，忽有后军来报，说有楚军骑兵追来。只见远方尘土飞扬，杀声震天。汉军本来已十分疲惫，这时队伍大哗。韩信兵马到坡顶，见来敌不足500骑，便急速点兵迎敌。他命令士兵3人一排，结果多出2名；接着命令士兵5人一排，结果多出3名；他又命令士兵7人一排，结果又多出2名。韩信马上向将士们宣布：我军有1073名勇士，敌人不足500，我们居高临下，以众击寡，一定能打败敌人。汉军本来就信服自己的统帅，这一来更相信韩信是"神仙下凡"、"神机妙算"。于是士气大振。一时间旌旗摇动，鼓声喧天，汉军步步进逼，楚军乱作一团。交战不久，楚军便大败而逃。

这就是著名的"韩信点兵"。这类题目看起来是很难计算的，但在我国古时候却十分常用，名称也很多，"鬼谷算"、"隔墙算"、"剪管术"等，所以并不是韩信在随便骗那些无知的士兵。这才是"算"，能把"少"的算出"多"的。一个人超越别人自有他的道理。世间所有你看不明白的"神奇"事物一旦揭开真相，你就感觉自己其实也能做到，只是在此之前怎么也想不到。

明朝嘉靖年间，北京城中有位裁缝名气很响，他裁制的衣服，长短肥瘦，无不合体。

一次，御史大夫请他去裁制一件朝服。裁缝量好了他的身腰尺寸，又问："请教老爷，您当官当了多少年了？"御史大夫很奇怪："你量体裁衣就够了，还要问这些干什么？"裁缝回答说："年轻相公初任高职，意高气盛，走路时挺胸凸肚，裁衣要后短前长；做官有了一定年资，意气微平，衣服应前后一般长短；当官年久而将迁退，则内心悒郁不振，走路时低头弯腰，做的衣服就应前短后长。所以，我如果不问明做官的年资，怎么能裁出称心合体的衣服来呢？"

做生意做到这种程度，名震京城也就顺理成章了。

"算"可以是算计，也可以是分析。高明的人可以步步算准对手，可以次次算准人心，普通人做不到这一点，但可以明白最基本的祸福吉凶。

美国加州有位刚毕业的大学生，在2003年冬季大征兵中他依法被征，即将到最艰苦也是最危险的海军陆战队去服役。

这位年轻人自从获悉自己被海军陆战队选中的消息后，便显得忧心忡忡。在加州大学任教的祖父见到孙子一副魂不守舍的模样，便开导他说："孩子啊，这没什么好担心的。到了海军陆战队，你将会有两个机会，一个是留在内勤部门，一个是分配到外勤部门。如果你分配到了内勤部门，就完全用不着担惊受怕了。"

年轻人问爷爷："那要是我被分配到了外勤部门呢？"

爷爷说："那同样会有两个机会，一个是留在美国本土，另一个是被分配到国外的军事基地。如果你被分配在美国本土，那又有什么好担心的？"

年轻人问："那么，若是被分配到了国外的基地呢？"

爷爷说："那也有两个机会，一个是被分配到和平而友善的国家，另一个是被分配到维和地区。如果把你分配到和平友善的国家，那也是件值得庆幸的好事。"

年轻人问："爷爷，那要是我不幸被分配到维和地区呢？"

爷爷说："那同样有两个机会，一个是安全归来，另一个是不幸负伤。如果你能够安全归来，那担心岂不多余？"

年轻人问："那要是不幸负伤了呢？"

　　爷爷说："你同样拥有两个机会，一个是依然能够保全性命，另一个是完全救治无效。如果尚能保全性命，还担心它干什么呢？"

　　年轻人再问："那要是完全救治无效怎么办？"

　　爷爷说："还是有两个机会，一个是作为敢于冲锋陷阵的国家英雄而死，一个是唯唯诺诺躲在后面却不幸遇难。你当然会选择前者，既然会成为英雄，有什么好担心的？"

　　普通人没有能力去主宰乾坤，没有能力统观全局，没有办法冲着最好的结局去"算"，但可以冲着最坏的结局去"算"，也不至于糊里糊涂地去为各种预测不到的事担惊受怕。

由相生道，得道多助

我们对这句话的理解最早来自孟子，他在《孟子·公孙丑下》说道："得道者多助，失道者寡助。寡助之至，亲戚畔之；多助之至，天下顺之。"

这里的"道"主要是指"民心"。

"民心"不只是帝王要考虑的问题，不同层次的成功者都要了解大众心理，要么"满足"这种心理，要么"操纵"这种心理，要么"迎合"这种心理。

在急功近利的人看来，以迎合别人获得别人的好感是最快见到成效的办法，这种人是把别人当成上帝，自己要围着别人团团转。当所有人都在这样做的时候，我们可以看到，人们都在互相迎合，表面上的满意换不来内心的真诚。当人们越来越难迎合时，加大迎合的力度效果也不再明显。这种思维完全局限在战术层面，而不是基于战略层面。如果战略上没有突破，就很难摆脱被动的局面。

就像现在的电影一样，大家都在做，可是做好的寥寥无几，精神食粮流于快餐形式，人们对电影的期待也越来越低。谁会出来反思，是不是这种方法出了问题，是不是就该寻找其他的方法？

在老谋深算的人看来，能够操纵大众的消费心理才是真正的玩家。这种人是把自己当成上帝，要别人都围着他转。不可能所有的人都这样做，所以能做到这一点的就是"王"。

鬼谷子是这方面的鼻祖，他洞悉人性的各个方面，他认为，只要是人，就会充满强烈欲望，这些欲望会指挥他的行动，只要你了解了这些，你的对手，你的敌人，乃至天下人都会被你指挥得团团转。

春秋战国时，齐景公朝有三个勇士，一个叫田开疆，一个叫公孙接，一个叫古冶子，号称"齐国三杰"。当时齐国的田氏势力越来越强大，直接威胁着国君的统治。而田开疆正属于田氏宗族，相国晏婴担心"三杰"为田氏效力而危害国家，屡谏景公除掉"三杰"，然而景公爱惜勇士，没有表态。

适逢鲁昭公访问齐国，"三杰"佩剑立于堂下，态度十分傲慢。晏子心生一计，决定乘机除掉这三个心腹之患。当两位君主酒至半酣时，晏子说："园中桃子已经熟了，摘几个请二位国君尝尝鲜吧？"一会儿的工夫，晏婴带着园吏，端着玉盘献上6个桃子，恭恭敬敬地献给鲁昭公和齐景公一人一个桃子，两位位高权重的大臣也是一人一个。

这时，盘中还剩有两个桃子。晏婴说："请君王传令群臣，谁的功劳大，谁就吃桃，如何？"齐景公同意，于是传令下去。话音刚落，公孙接率先走了过来，拍着胸膛说："有一次我随国君打猎，突然从林中蹿出一头猛虎，是我冲上去，用尽平生之力将虎打死，救了国君。如此大功，还不应该吃个金桃吗？"晏婴说："冒死救主，功比泰山，可赐酒一杯，桃一个。"公孙接饮酒食桃，站在一旁，十分得意。

古冶子见状，厉声喝道："打死一只老虎有什么稀奇！当年我送国君过黄河时，一只大鼋兴风作浪，咬住了国君的马腿，一下子把马拖到急流中去了。是我跳进汹涌的河中，舍命杀死了大鼋，保住了国君的性命。像这样的功劳，该不该吃个桃子？"晏婴忙把剩下的一个桃子送给了古冶子。

一旁的田开疆眼看桃子分完了，急得大喊大叫："当年我奉命讨伐徐国，舍生入死，斩其名将，俘虏徐兵5000余人，吓得徐国国君俯首称臣，就连邻近的郯国和莒国也望风归附。如此大功，难道就不能吃个桃子吗？"

晏婴忙说："田将军的功劳当然高出公孙接和古冶子二位，然而桃子已经没有了，只好等树上的桃子熟了，再请您尝了。先喝酒吧。"

田开疆手握剑把，气呼呼地说："打虎、杀鼋有什么了不起。我南征北战，出生入死，反而吃不到桃子，在两位国君面前受到这样的羞辱，我还有什么面目站在朝廷之上呢？"说罢，竟挥剑自刎了。公孙接大惊，也拔出剑来，说道："我因小功而吃桃，田将军功大倒吃不到。我还有什么脸面活在世上？"说罢也自杀了；古冶子沉不住气了，大喊道："我们三人结为兄弟，誓同生死，亲如骨肉，如今他人已死，我如何苟活，于心何安？"说完，也拔剑自刎了。

对于干实事的人来说，满足别人才是有意义的。这种人把别人看成人，把自己也看成人，满意是相互的。

15岁那年，王永庆一个人孤零零地来到嘉义县城，在一家米店当小工。除了完成自己送米的本职工作以外，他处处留心老板经营米店的窍门，学习做生意的本领。第二年，他觉得自己有把握做好米店的生意了，就请求父亲帮他借了200元钱做本钱，自己在嘉义开了家小小的米店。

米店新开，门可罗雀。王永庆背着米挨家挨户去推销，一天下来，虽然人累得够呛，效果却不好。怎样才能打开销路呢？那时候的台湾，由于稻谷收割与加工的技术落后，很多杂物掺杂在米里，人们在做饭前都要淘好几次米。王永庆从中找到了切入点。他和两个弟弟一点一点地将夹杂在米里的秕糠、沙石之类的杂物拣出来。小镇上的主妇们都说，王永庆卖的米质量好，省去了淘米的麻烦。一传十，十传百，他的生意日渐红火起来。

王永庆并没有满足。那时候，顾客都是上门买米，自己运送回家。王永庆不定时到客户家"巡视米缸"，并把估计能够食用的天数记在小册子上，等到客户快吃完的前几天，他再度拜访，取得许可后，主动送米上门，还将米倒进米缸里。如果米缸里有陈米，他就将旧米倒出来，把米缸擦干净，再把新米倒进去，然后将旧米放回上层。这样，陈米就不会因存放过久而变质。这一精细的服务令顾客深受感动。经过一年多的资金积累和客户积累，王永庆办了个碾米厂，买进稻子碾米出售。他的米店的营业额大大超过了同行店家，越来越兴旺。

后来他把台湾塑胶集团做到世界化工工业前50名，而他的经营理念也让很多人为之感动。

"道"除了指人心，也指事物的规律。

三个旅行者同时住进一家旅馆。早上出门时，一个旅行者带了一把雨伞，一个拿了一根拐杖，第三个则两手空空。

晚上归来时，拿着雨伞的人淋湿了衣服，拿着拐杖的人跌的全身是泥，而空手的人却什么事情都没有。前两个人都很奇怪，问第三个人这是为什么。

第三个旅行者没有回答，而是问拿伞的人："你为什么淋湿而没有摔跤呢？"

"下雨的时候，我很高兴有先见之明，撑着雨伞大胆地在雨中走，衣服还是淋湿了不少。泥泞难行的地方，因为没有拐杖，走起来小心翼翼，就没有摔跤。"

再问挂拐杖者，他说："下雨时，没有伞我就拣能躲雨的地方走或者是停下来休息。泥泞难行的地方我便用拐杖挂着走，却反而跌了跤。"

空手的旅行者哈哈大笑，说："下雨时我拣能躲雨的地方走，路不好走时我细心走，所以我没有淋着也没有摔着，你们有凭借的优势，就不够仔细小心，以为有优势就没有问题，所以反而有伞的淋湿了，有拐杖的摔了跤。"

有一句很经典的话："神就是道，道就是规律。规律如来，容不得你思议，按规律办事的人就是神。"

人能够"得道"是一件很幸运的事，得道不是一劳永逸的事，人都会有"失道"的时候，关键是你要马上转回来。

三国时，曹操想北上征服塞外的乌桓，以此来统一北方。当时，许多将领谋士都纷纷劝阻。但是曹操仍然大胆出击，将乌桓打败，统一了北方。

当曹操带兵凯旋的时候，开始命人调查当初反对他北伐的人。吓得当初那些好心劝阻的将领谋士魂飞魄散，以为都难逃此劫了。

但是出人意料的是，曹操不但没有责怪他们，反而给他们丰厚的奖赏。

对此，曹操解释说："我们北上攻打乌桓，的确是十分危险的，虽然天意助我，让我们侥幸赢了，但绝不是一种正确的做法。那些人的劝阻才是万全之策，所以要多加奖赏。"

这就是一个从"失道"到"得道"的过程。

是听天由命，还是天人合一

很久很久以前，有两个人，一个叫听天，一个叫由命。两个人因为话语投机、性格相合，遂结为金兰，听天为兄，由命为弟。

这两个人老实忠厚，心眼死。听天一切听天，他说人得听天靠天，别人说什么也不好使；由命信命，认为命里有五斗，不用起五更，命里没饭吃，累死也无用。

听天冬天捡柴拾粪，春天送粪种地，夏天锄地侍弄庄稼，秋天收获——从不管收成好坏，一切听天！由命则整天东游西逛，无所事事，一切由命！

不想听天也有好事。这天晚上，他梦见玉皇大帝对他说："村上财主家的大小姐病得很重。财主说了，治好他女儿病者可以招为夫婿。你去用他家后花园里的一株枯死牡丹熬汤，让其服下即可治愈他家大小姐。那时……"

听天欢喜得不得了，一笑就笑醒了。遂即听说财主家大小姐果然得病，他就登门诊治，结果却是出乎意料：财主家后花园里根本就没有牡丹花，更别说枯死牡丹了！财主大为气恼，叫人把他打了个头破血流，轰回家中。

由命闻听，来看听天。听天上了老天爷的大当，顿悟似的告诉由命道："兄弟，你千万别信命好命坏的了，踏踏实实过日子才是正理。我就是太信老天爷，才差点送了命！"

听天由命是人生的最低境界。首先，"天"和"命"对他们来说是糊里糊涂的东西，是神秘却一无所知的东西，在这种情况下听天由命是完全的被动；再次，一旦他们被"天"和"命"骗过一次，就再也不敢相信了，那这个时候能相信什么？还是没有可以相信的东西，只能从一个极端走向另一个极端，可能越不让他怎样他就越怎样，变成"我命由我不由天"。

一个一直听天由命的人可能通过某件事而不再迷信，一个一直不迷信的人也可能通过某件事而变得迷信。

小王的爸爸来城里看他，对他说："你姨昨天来电话，说你妈托梦给她，你妈在'那边'没钱花了。"小王正忙得焦头烂额的，一听爸爸大老远跑过来急着找他就为这事，心里很是不悦。一边叫秘书送爸爸回去，一边对爸爸说："别听俺姨的，她那是迷信。"

不信归不信，但第二天他还是抽时间去了妈妈的坟上烧了纸钱。过了几天，爸爸又来找小王。小王刚想对爸爸发牢骚，王爸爸却先开了口："你姨又来电话了，她说你妈'收到'你给她的'钱'了。"

其实也许只是两个巧合的梦，可是从这儿以后，小王也开始迷信了。

你觉得小王接下来会怎么做呢？以后做每件事是不是都要考虑一下"冥冥之中"的力量？本来很顺利的事是不是也开始害怕遭到"天算"？可以肯定的是，他所迷信的东西对他来说绝对不是一件好事，他迷信了，他肯定不相信老天会把一切都变得那么好。只要"老天"对你来说是"神秘莫测"的，你就只能停留在"听天"的境界。相反，如果你顺其自然是因为相信老天会把一切变得很好，那就是另一个境界。

三伏天，寺院里的草地枯黄了一大片，很难看。

小和尚看不过去，对师父说："师父，快撒点种子吧！"

师父曰："不着急，随时。"

种子到手了，师傅对小和尚说："去种吧。"

不料，一阵风起，撒下去不少，也吹走不少。

小和尚着急地对师父说："师父，好多种子都被吹飞了。"

师父说："没关系，吹走的净是空的，撒下去也发不了芽，随性。"

刚撒完种子，这时飞来几只小鸟，在土里一阵刨食。

小和尚急着对小鸟连轰带赶，然后向师父报告说："糟了，种子都被鸟吃了。"

师父说："急什么，种子多着呢，吃不完，随遇。"

半夜，一阵狂风暴雨。小和尚来到师父房间带着哭腔对师父说："这下全完了，种子都被雨水冲走了。"

师父答："冲就冲吧，冲到哪儿都是发芽，随缘。"

几天过去了，昔日光秃秃的地上长出了许多新绿，连没有播种到的地方也有小苗探出了头。

师父却依然平静如昔地说："应该是这样吧，随喜。"

这位老师父之所以可以做到"顺其自然"，就是因为"天"对他来说不是神秘莫测的，他才能够气定神闲。这是"顺天"，不是"听天"。

1804年12月2日，拿破仑身着貂皮紫色天鹅绒长袍，其妻约瑟芬披镶嵌有金银丝边的白缎长袍在巴黎圣母院举行加冕盛典。当教皇庇护七世拿起皇冠准备戴在拿破仑头上时，他突然接过皇冠自己戴在头上，接着又拿起另一顶皇冠戴在约瑟芬头上。拿破仑的这一举动震惊了所有与席的王公大臣、贵妇淑女们。拿破仑视上帝如仆人。他胆敢在加冕时自戴皇冠，打破君权神授的传说。他到底什么时候知足？对这一点他自己也不清楚。用他的话来讲："我不知道有什么极限"，"只向往一个世界帝国，世界要求我来统治它。"拿破仑的野心已远远膨胀出欧洲的疆土，他要做这个世界的君主！

他声称："我的原则是法国第一"，"决不允许让一个天生要成为太阳的国家堕落成为一个卫星。"1805年第三次反法同盟成立。他首先挥兵多瑙河，将奥军主力围困在乌尔姆要塞，迫使他们投降。接着他率军攻占维也纳，逼得奥皇弗兰西斯出奔奥尔莫乌茨。后来，他又制造怯战的假象，引诱俄奥联军在奥斯特里茨与他决战，结果大胜联军。由此，第三次反法同盟顷刻瓦解。拿破仑则乘此机会大肆瓜分欧洲领土。他把自己的兄弟与近臣们分封到这些地方去做国王大公，建立他的新欧洲秩序。

为了进一步征服欧洲，拿破仑又于1812年6月御驾亲征，率60万大军去征讨俄国，结果大败而归。在归途中，他说了一句深刻的名言：伟大和荒谬之间就差一步。可惜拿破仑没有意识到：他无限膨胀的自信心早就让他变成了一个荒谬的人。

1812年春，俄、英、普、奥、瑞典等国组成第六次反法同盟。经过半年多的交战，拿破仑大军终于面临山穷水尽的地步。虽然其间奥地利等国一再提出以使法国保留原有疆界的谈判条件，拿破仑不能接受这一自尊心的挫伤。他坚决地说："我不能以一个被侮辱者的姿态出现在我的人民面前。我必须仍然是伟大的，光荣的！"

可惜这一次拿破仑又荒谬了。他坚持与联军酣战，直至他的部下开始逼他退位，被流放到地中海的厄尔巴岛。

对有的人，老天会怎么样安排对他来说无所谓，重要的是自己强大无比，想得到的东西一定能得到，这是"目中无天"。

在诸葛亮后半生，匡复汉室的时机与实力不存在，诸葛亮却执意北伐，一出祁山前，太史谯周出奏曰："臣夜观天象，北方星曜倍明，未可图也。"并告孔明："丞相深明天文，何故强为也？"孔明曰："天道之理，变易不常，岂可拘执也？"谯周苦谏不从。在五次北伐失败后，六出祁山之前，谯周又奏种种不祥，劝其谨守待时。而诸葛亮不顾一切，坚持出征。六出祁山是他最后的北伐，最后秋风五丈原归天，后人司马光说："诸葛亮自负才能，逆天而行，自取败之也。"

明知不可为而为之，这是"逆天"。

我们知道天冷了要穿衣服，天热了要吹电扇，下雨了要打伞，饿了吃东西，渴了喝水，这就很好了。人类一直在认识"天"，在那些已知的可信的成果里我们知道怎么去活，你要做的就是去认识这些东西，而不是这些之外的东西。没有人可以完全把天看清楚再去把握命运，把握那些人类已经看清了的可靠的部分才是"天人合一"。

成功学终有一死

有这样一个故事：一只羊实在受够了天天被狼欺负的生活，光被狼这样强大的动物欺负也还罢了，偏偏在羊群里也受欺负，常常抢不到一块有草的土地，为此天天苦恼。突然有一天它再也不想当一只可怜的羊了，于是它披上了一张狼皮。还别说，别的羊一看到它就被吓跑了，它就可以不紧不慢地把地上的草吃掉。

由于它只吃草，不吃羊，很快就被一只聪明的羊识破了，但这只羊想：我最好还是不要把真相说破，我不妨也扮成一只狼，以后也就不愁没草吃了。

后来知道这件事的羊越来越多，有的羊没搞清楚到底是怎么回事也披上了狼皮，渐渐的一只羊只要长大就会觉得只有披上狼皮才能出来混。它们不再问为什么要这么做。

"全羊皆狼"的局面让那些清醒的羊很无奈，它们纷纷脱下狼皮，回归羊的生活。不料别的羊以为是狼披着羊皮侵入它们的领地，纷纷被吓跑了。

弱者就是弱者，他们从不肯睁大眼睛去学一点真东西，而是在表面上跟人保持一致。这叫纯粹的"像而不学"。别人穿什么样式的衣服，我也穿；别人谈论什么，我也关注；别人干什么，我也干……他们"像"的对象不是成功者，而是大众。想成功的人当然要去研究成功者，所以他们不会成功。

在向成功者学习的过程中，有人发现了做成某件事情的捷径，比如李阳说大声朗读可以有效地学好英语，这种情况直接模仿没什么不好；你跟爱人吵架了，电视剧里正好有一个处理的好方法，你还等什么？赶紧拿来用就是了；在发达国家超过我们的那个年代，我们作为后来人只能学习和模仿，还要讲究跟世界接轨，要跟别人处处都不一样根本没必要。这些都不是"学"和"像"的问题。

学是为了什么？还不是为了把别人的东西学过来为自己所用，或者通过各方面的学习能超过对手？"学"总是免不了有"像"的成分，因"学"而"像"没有关系。为"像"而"学"才是问题。

相传在2000年前，燕国寿陵地方有一位少年。这位寿陵少年不愁吃不愁穿，论长相也算得上中等人才，可他就是缺乏自信心，经常无缘无故地感到事事不如人，低人一等。衣服是人家的好，饭菜是人家的香，站相坐相也是人家高雅。他见什么学什么，学一样丢一样，虽然花样翻新，却始终不能做好一件事，不知道自己该是什么模样。后来他竟然对自己走路的姿势感到怀疑，越看越觉得自己走路有问题，太丑了。有一天，他在路上碰到几个人说说笑笑，只听得有人说邯郸人走路姿势那叫一个美。他一听，得上了心病。邯郸人走路的姿势究竟怎样美呢？他怎么也想象不出来。终于有一天，他瞒着家人，跑到遥远的邯郸学走路去了。一到邯郸，他感到处处新鲜，简直令人眼花缭乱。看到小孩走路，他觉得活泼；看见老人走路，他觉得稳重；看到妇女走路，他觉得婀娜多姿……就这样，见了谁都不由得模仿人家走路，不过半月光景，他连走路也不会了，路费也花光了，只好爬着回去。

这就是著名的"邯郸学步"的故事。这个人为什么要"学步"呢？缺乏自信。如果你处处缺乏自信，就会落入追求"像"的旋涡中。

这种问题满大街都是。看有的人摆地摊都能赚钱，你去摆地摊；看有的人做安利发财了，你也去做安利；看有的人做群众演员出名了，你也去电影学院门口等着，到最后自己真正能干什么都不知道了。

与之相反的一个故事是"东施效颦"。东施不是模仿所有人，她只模仿一个人，坏就坏在她根本不具有"像"的可能性。

有的老板在对公司改革的时候，会把别人的东西搬过来，他的理由是，这个行业做得最好的公司就是用的这个模式。他从来不问：这种模式人家用了几年了？10年前成功的模式，10年后已变成拖后腿的症结。

华为公司出来个基本法，很多公司纷纷效仿。且不说基本法在华为内部的运行效果如何，只要任正非还没有离开华为，以他懂行而又强势的管理风格，以及华为的职业化运作模式，什么法不能推？什么法不能改？这就好像是说孙悟空厉害是因为有金箍棒，你把金箍棒弄到手就能和孙悟空一样厉害了，这怎么可能呢？

成功跟修行是一样的，投机取巧、流于表面、道行不够都是不行的。

财主、樵夫和秀才都想成佛，他们为了实现这个理想都在努力。

财主一有时间就会上山到庙里去烧香磕头，然后在功德箱里放很多很多钱，以示自己的虔诚。做完之后心里就无比踏实，觉得一定会感动佛祖。时间长了寺院为他立了一座功德碑，上面刻上了他的名字。

秀才对这种行为嗤之以鼻。他把头发剃掉，穿上僧衣，每天在家里打坐念经，各种佛经能倒背如流。除此之外他还严格要求自己，遵守各种戒律，清心寡欲。

樵夫，每天上山砍柴，他听说成佛就必须行善积德，于是他看到地上有垃圾就会拾起来，见到挡路的石头就会搬开，卖柴所得的钱也会用来救济比他更困难的人。

庙里有个老和尚和一个小和尚。小和尚问老和尚："他们中哪个能成佛？"

老和尚说："都不会。人心里只要存着一个善字，肯定是个好人；即使他不来参拜，也接近佛了。"

小和尚说："财主每年都捐那么多钱，为什么不能成佛？"

老和尚说："有些东西与钱无关，比如善心。如果没了善心，财富越多，可能罪孽就越重，他是为了洗清自己的罪孽才拜佛的，咱们功德箱里的钱并不都是干净的。"

小和尚又问："秀才每天吃斋礼佛，为什么不能成佛？"

老和尚说："他只是像是在修行，其实并不知佛，他修的只是他心中的那个佛，而那个佛不是真正的佛。"

小和尚接着问："那樵夫每天行善心，做好事，为什么不能成佛？"

　　老和尚回答："人有一颗善心固然重要，但靠小善成佛，一世是不够的，他需要很多很多世。"

　　这番谈话不知道怎么就传出去了。

　　财主听说后，从此就不上山拜佛了；秀才听说后就不再吃斋念经了，而樵夫还是如往常一样，每天砍着他的柴，继续做好事。

　　有句话说得好：骑白马的不都是唐僧，会飞的也不都是天使。

　　我们都太想成功，都太想成功马上变成现实，但那只是自己心中的成功，并不是真正的成功。毕加索说过："有些画家把太阳画成一个黄斑，但有些画家借助于他们的技巧和智慧把黄斑画成太阳。"这句话也道出了真成功和伪成功之间的区别。

第八章

修炼成功相的六个榜样

◎周星驰：总有一天会成功

◎稻盛和夫：做事和修炼

◎周恩来：春风般的魅力

◎李小龙：享受极限不独孤

◎曾国藩：乱象中的明强之道

◎卡耐基：积极走出困境

我常常问我自己，你是想当团队的老板，还是一个团队的领袖？一般而言，做老板简单得多，你的权力主要来自你地位，这可能是上天的缘分或凭着你的努力和专业的知识。做领袖就比较复杂，你的力量源自人性的魅力和号召力。做一个成功的管理者，态度与能力一样重要。领袖领导众人，促动别人自觉甘心卖力；老板只懂支配众人，让别人感到渺小。

迄今为止，无论历史上的哪一种社会，都是物质财富不能满足社会全体成员的需要；因而也是迫使人们竞争的社会。竞争的实质就是为自己争取更多的物质利益。只要社会的物质财富不能满足全体社会成员的需要，竞争就是必然存在的；只要有竞争，人自私的本性就不会有所改变。但是，为己、利己不损害他人这是极正常的行为，这也普遍存在的；为己和利己的竞争是值得提倡的，但是为己而妨碍他人的正当利益却是不对的，也是要反对的。

很多时候一个人如果太"厚"，便会给人软弱的印象，别人会觉得你很好欺负，于是你自然而然的经常受到别人的行为还有言语上的戏弄。这种现象很是普遍，不是每个人都能有好的修养和素质。更多的时候人们多少都会有些欺软怕硬的毛病。与人交际，也不可一味不转弯地"黑"。也许有的人实在是太强，于是别人对他的态度是我惹不起还躲不起吗？为了生活能够平安，初入社会的人必须要了解厚黑两手的作用，心理上要有些厚黑，并且要加上自己的谋略随机应变。

周星驰：总有一天会成功

有这样一个人。

他出生在香港的一个内地移民家庭里，住在九龙穷人区，过着清贫的生活。一家五口挤在一间狭窄的木板房里，睡的是"上下铺"的双层床，把豉油捞饭当做天下美食。七岁的时候，父母离了婚，他跟着母亲、姐姐和妹妹过日子。

上初中的暑假里，他经常打工，赚钱贴补家用，给自己赚零花钱，买漫画书看电影，练功夫，沉迷跳霹雳舞。他回忆那段时光时说："我做过几份暑期工，比如卖眼镜、卖电器。印象中最深刻的是那次去酒楼卖点心，月薪大约600港元。在酒楼打工什么怪人都见过，反应不快就会被客人骂，所以一定要能言善辩和有礼貌。"

那个时候，正是香港电视发展的黄金时代，爱好武功的他伴随着电视剧长大，痴迷其间，想试一下，加入这个行业，演一个角色。于是，他找来朋友梁朝伟，两人跑到山上，私下拍了一个8分钟短片。成名后的梁朝伟说："那都是他的主意，当时我对演戏不开窍，那个短片他既当导演又当演员，我只是演员。故事主要讲好人与坏人在山上打架，最后好人获胜，他安排我演坏蛋，最后，我演的角色被他无情地打死……那就是拍给我们两个人看的，我是陪玩。"

那个时期的他整天做白日梦，经常提起TVB无线艺训班的事，幻想成为大明星，更是鼓动着梁朝伟一起去报考无线艺员训练班。两个人都去考了，最后的通知却是梁朝伟考上，他落选了。1982年，凭着对表演的热爱，他连考了两次，终于进入香港无线电视艺员夜间训练班。1992年8月，在回答《电影双周刊》记者的询问时，他很肯定地说："如果还没有考上，我会继续再考，因为这是我的兴趣。"

毕业后相当长的时间里他在跑龙套。

82版《天龙八部》他演一个辽兵，这是他出演的第一部电视剧，是一个喜剧之王十年电视生涯的开始。

在梁朝伟早期主演的电视剧《活力十一》里，他演梁朝伟的同学，对白和戏份都不算少。

在周润发主演的《苏乞儿》里，他演一个村民。

在刘德华主演的《猎鹰》里，他在各种场合一闪而过，露脸时间比较长的是他演酒吧里的一位客人，被人打了一顿。

在任达华主演的《十三妹》里，他演一家客栈里的客人。

接下来就是在那部著名的《射雕英雄传》里演了那个著名的"宋兵乙"和没有一句台词就让梅超风一掌劈死的小乞丐。

在演这个乞丐时，他觉得导演设计自己被人一掌打死，有点不太真实，于是设计了反抗的动作。他还跑去和副导演商量，但导演马上否决了。这个不理人的导演就是后来和他合作《审死官》、《济公》的杜琪峰。之后他还是不断地提出自己的看法，当然也被一再地拒绝。这个希望多挨一掌的跑龙套演员，在此时对演戏已经达到痴迷程度。

在刘德华主演的《老洞怪谭》里，他饰演谢家的手下，在日本人冒充苗人来领取老洞的时候，护送那个假苗人上火车，结果被人杀死。死了之后倒在地板上，火车上的人就在他身边奔来跑去。

在《北斗双雄》里演一个问题青年。

《生命之旅》是他演艺生涯的开始，李修贤就是在这部电视里看到了他的表演，萌发念头找他来拍电影《霹雳先锋》。

在郑少秋主演的《大都会》里，他演郑少秋的儿子。

在《斗气一族》里，他的表演很抢戏，他独特的表演方式日渐成熟，开始有人用"无厘头"一词来形容他的表演。

在《铁血双雄》里演一个戏份不多的反面角色。

在甄子丹主演的《刑警本色》里，他演一个外号"小臭儿"的刑警。

1989年，他主演了古装武侠剧《盖世豪侠》，无厘头表演大放异彩，从《盖世豪侠》之后，就开始了他的灿烂星途！他就是周星驰。

周星驰对他成名前那段漫长的等待总结说："你知道吗？在那种状态下很享受。别人都认为你不行，你偏偏去研究，完全沉迷在里面。感觉很孤独，但也很浪漫……就那么努力地研究了6年表演。这样，一有机会，我就不怕了。因为准备了这么长时间，我已经打好了底子……我的奋斗史，不是独一无二的，社会上比比皆是……像我们这些普通大众，如果不是靠着信念、斗志，怎能做出成绩？"

正如尹天仇在《喜剧之王》里所说："临时演员也是演员……虽然你们是扮演路人甲乙丙丁，但是一样是有生命，有灵魂的。"

他是真的热爱表演。在这个过程中他也许无法做到"不认输"，但他做到了"不放弃"。

1988年，周星驰的电影处女作《霹雳先锋》诞生，并成为第二十五届台湾电影金马奖最佳男配角；1990年，他主演的《赌圣》成为当年十大卖座电影第一名，从此，他成了绝对的主角。《赌圣》不是他的第二部电影，也不是第三部、第四部，而是第十四部，与他第一部电影相隔仅仅两年左右的时间。

1998年，周星驰拍出了《喜剧之王》，他第一部自编自导自演的影片。在这部被认为是他自传性质的电影里，可以看到他充满辛酸的奋斗历程。

现实是一切美好事物的杀手，当一个人身份卑微却有一个十分美好的梦想时，现实站出来了。我们能做的就是把所有的现实都忘掉。即便梦想遥不可及，即便在现实里屡屡受挫，我们还是要对着大海一本正经地喊着："努力，奋斗！"

默默无闻的奋斗者，奋斗的历程本来就无人知晓，一不小心就会被遗忘，不每天喊着提醒自己，告诉自己还存在，又有谁会来提醒你呢？

还是自己好好奋斗吧，遇到了挫折最多问一句："阿姨，我到底做错了什么？"

时间长了就会明白什么是演员，演员就是"你不想死也得死啊"！

即便所有的人都不承认，我依然要说："我是一个演员。"

是想当演员想疯了吗？还是自己真的觉得自己就是演员？还是选择像演员一样活着？

柳飘飘说："喂，你看前面多黑啊，什么都看不到。"

他说："也不是啊，天亮之后就会很漂亮。"

"你对我的鼓励，我一定会记住！"

"你一定行的！"

"恭喜你了！你一定会成为一个非常出色的坐台小姐的！"

"多谢！你一定会成为一个很出色的死跑龙套的！"

孤独的路上需要有人陪，有人陪就会珍惜被摧残得奄奄一息的尊严，像黑暗冬夜里一根火柴的光吗？如果今天的周星驰不是星爷，而仍然是这个尹天仇，他会不会坚持到现在？

绝望随时都可能来临，要不为什么会有那句"屎，我是一摊屎。命比蚁便宜，你坐奔驰，我挖鼻屎，自知死也再难移"？

人的一生那么短暂，有些人到死都只是一摊屎。还记得《烈火雄心》里的司徒拔，就因为他爸爸不会写"出类拔萃"的"萃"字，他就只叫了个司徒拔，而他的人生也是一样，始终在"拔"，却永远不曾"萃"过，他到死也没有尝到成功的滋味。

有的人一生都是如此卑微，尹天仇就是如此。如果他一直都没有成功，人们也不会看到他失败的故事，如果他成功了，人们便可以从他身上得到成功的指引。

这些人的窘迫和结局，怎么看怎么让人心酸，但是那么能让人产生来自内心的力量。

稻盛和夫：做事和修炼

稻盛和夫一生创立了两家公司，这两家公司都在他有生之年进入了世界500强。在日本四大"经营之圣"中，他是年龄最小的，另外三位分别是，松下公司创始人松下幸之助、索尼公司创始人盛田昭夫、本田公司创始人本田宗一郎。

稻盛和夫告诉我们两件事：人不是要折腾，而是要做事；人不是要折磨自己，而是要磨炼自己。

稻盛是在年轻时候生了一场大病之后明白这个道理的。他的叔父得了肺结核，他总是捂着鼻子走过叔父的房间，而他的父亲和哥哥毫不犹豫地承担起看护他叔父的责任。而结果是，他父亲和哥哥安然无恙，他却被传染上了肺结核。病中他看了一本书，书中一句话让他极其震撼："我们内心有一块吸引灾难的磁石。生病是因为有一颗吸引疾病的赢弱的心。"

所以你决定要做一件事，就要有一种极其强烈而持久的愿望和渴望。人人都有愿望，但每个人愿望的品质是大不相同的。普通人的愿望是一种随起随灭的心理反应，而稻盛所说的愿望，是一种"誓愿"，一种得不到决不会停止的渴望。

用他的话说就是："全身上下从头到脚都充溢着这个愿望，就好似身上划破后流出来的不是血而是愿望。"因为"内心不渴望的东西，它就不可能靠近自己"。

在他看来，人分为"自燃性的人"、"可燃性的人"、"不燃性的人"。

自燃性的人，是指最先对事物开始采取行动，将其活力和能量分给周围人的人。

可燃性的人，是指受到自燃性的人或其他已活跃起来的人的影响，能够活跃起来的人。

不燃性的人，是指即使从周围受到影响，但也不为所动，反而打击周围人热情或意愿的人。

稻盛和夫曾经是一个坏运气缠身的人。考中学两次落榜，考大学也落第，只好进了一所勉强算得上大学的县立大学。大学毕业时参加就职考试次次失败。他去买彩票，希望一夜暴富，但无一次中奖，而紧挨着他彩票号码的彩票几次都赢得大奖。绝望之中，他在一个黑社会"总堂"门前徘徊了几小时。最后他还是放弃了加入黑社会、做一个"有知识的恶棍"的念头，进了一家濒临倒闭、由一家银行托管的公司。

在公司里他学非所用，努力工作得不到赏识。在被勒令辞职后，与七个辞职的同事歃血为盟，创立了京瓷公司。公司惨淡经营，徘徊在破产边缘，他数次卖血给工人发工资，但还是阻挡不住工人纷纷辞职。他以出让多得惊人的股份为筹码，把最后一批工人挽留了下来。困难仍然接踵而至，但他凭惊人的毅力和乐观精神，让京瓷从一家"乡村公司"成为一家世界级企业。1984年，功成名就的稻盛和夫在52岁时再次创业，成立了日本首家民营电话电信运营公司，在资源严重不足、处处受到国营电话运营公司的排挤、围堵的情况下奇迹般成长起来。

在长期的经营实践中，稻盛总结出了一套独特的稻盛哲学，一方面作为公司的经营指南在公司推行，一方面通过著书、演讲的方式向世界传播。

他告诉世人，最重要的不是知道多少复杂的知识和理论，而是懂得珍视那些看似简单、"引导人们采取正确生活态度的原理原则"。所有事情越单纯越接近它本来的状态，于是用简单的方法去对待复杂的事情，这种思维方式很重要，并提出"以原则思考，化繁就简是做人和做事的原则"。

他说："我之所以并不器重才子，是因为才子往往倾向于对今日等闲视之，不由得厌恶像乌龟那样缓慢地度过一天，希望像脱兔似的走捷径。众多优秀且聪明的人才进入了京瓷公司，也正是这些人才，以为公司没有前途而辞职。所以留下来的都是不太聪明、平凡的、无跳槽才能的愚钝的人才。但是，这些愚钝的人才在10年、20年后都晋升为各部门的干部或领导。那么究竟是什么使像他们这样平凡的人成了非凡的人才呢？是孜孜不倦、默默努力的力量，亦即脚踏实地度过每一天的力量，是坚持积累每一天的力量。"

创业开始，困难往往大于希望，当愿望不够强烈或逐渐消退时，各种不利因素纷至沓来，影响着人的斗志。这时只有愿望足够强烈，你看到的就只是可能性，才能对种种阻碍做到视若无睹。稻盛和夫用"情人相会，千里成一里"来说明这个道理。期待相会的情人总是能"看得见"相会时的情景，总是能把种种不可能性置之度外，直到将可能变为现实。

愿望消退了怎么办？怎样在万念俱灰的困苦中让愿望的热度不仅不消退，反而使你愈挫愈勇？这种热情不是凭几句励志名言就能保持的。

佛教关于"精进"的论述对他影响很深。"精进"是一种"心法"，"精进"本质上不是在尘世的进步，而是灵魂质量的提升。他说："当人离开尘世时，灵魂比来到世上时上升了一个台阶。"而要做到这一点，就是让身心置于困苦中淬炼，稻盛把痛苦和磨难称作"去污粉"，其功效就是洗去灵魂上的污浊。即使你的努力在现实中没有回报，你的灵魂也在苦役般的努力中悄然得到提升，这才是真正的回报。

所以他告诫世人："对于细小的事情，想方设法进行改良的人和没有这样做的人，从长远看，将产生惊人的差距。在昨日努力的基础上稍加改良，今日要比昨日有进步，即使只有一小步。这种从不懈怠、坚持到底的态度，将终会与他们拉开巨大的差距。"

当我们工作中遇到困难无论怎么想办法、反复试验不断摸索，仍处处碰壁，无计可施，认为自己无能为力时怎么办？

他认为：工作现场有"神灵之声"。此时应该恢复冷静，然后面对现实，对产品和现场重新审视、体察、倾听，才能听到"产品对我们的私语"，找到解决问题的对策。

其实我工作亦经常遇到困难，面对困难百思不得其解，而此时我一贯的做法也是不"作为"，认真反省自己，把思路方法过滤一遍，如有可能尽量去现场，在现场仔细观察、善于分析，以现场发生的现象及收集的数据来分析问题，难题往往也能解决。

　　稻盛和夫的哲学就是要我们懂得，人类活着的意义和人生的价值就是提高身心修养，磨炼灵魂，要给以自己比他人更为艰苦的人生，并不断严格要求自己，遵守努力、诚实、认真、正直的道德观和伦理观，学会"知足"，以利他之心生活，不断积累善行，树立正确的人生态度和人生哲学并贯彻始终，只有这样才能使我们每个人的人生走向成功和辉煌，同时也是人类走向和平幸福的王道。

周恩来：春风般的魅力

我们是怎么评价这位伟人的？人民的好总理。

一个"好"字已经胜过一切。

他的风度翩翩使我们为之倾倒，温顺和蔼的性格为我们所喜欢，严于律己、宽以待人的修养为我们所钦佩，智慧睿智的头脑为我们所折服，鞠躬尽瘁的辛劳为我们所铭记。人原来是可以这样的。

当时的中国内忧外患频仍，国家破败不堪。有一次老师问学生：读书是为了什么？同学中有的说是为了帮父母记账，有的说是为了谋个人的前途。少年周恩来坚决地回答："为了中华之崛起！"

翻开南开大学早年的《同学录》，其中有人对他做过这样的评价："君性温和诚实，最富于感情，挚于友谊，凡朋友及公益事，无不尽力。"

在1917年的日记中，周恩来写道："我今年19岁了，想起从小儿到今，真是一无所成，光阴白过。既无脸见死去的父母于地下，又对不起现在爱我教我照顾我的几位伯父、师长、朋友；若大着说，什么国家、社会，更是没有尽一点力了。俗语说得好：'人要有志气。'我如今按着这句话，立个报恩的志气，做一番事业。"

1917年夏，周恩来在南开中学毕业，并东渡日本留学。东渡时，周恩来写下了一首脍炙人口，流传千古的律诗："大江歌罢掉头东，邃密群科济世穷。面壁十年图破壁，难酬蹈海亦英雄。"

周恩来早年在一封信中说他旅欧求学的主要意旨是："唯在求实学以谋自立，虔心考查以求了解彼邦社会真相暨解决诸道，而思所以用之于吾民族间者。"基于这种认识，他确立了那个时代最先进的理想，又为这个理想打下了坚实的基础。

周恩来能力过人，学生运动、工人运动、组党、党务、宣传、军事、情报、人事、政工、谈判、调解、内政、外交……几乎每一样都搞得有声有色，在党内外人事和人民群众心中的威望极高。

周恩来之所以在人民心中拥有光辉的形象，不仅是由于他过人的智慧、超强的能力，更是因为在国内国外的伟大人物中，就其高尚品德而言，周恩来可以说是千古一人。

作为中国共产党和中华人民共和国的创始人之一，他能够在几十年的戎马生涯中出生入死，在谈判桌前唇枪舌剑，在办公室里通宵达旦，在外交场上游刃有余，将自己完全融入时代洪流的激荡之中出类拔萃，且风采照耀于世，已经没有人可以比拟。但冰山露出来的永远是很小的一部分，藏在水下的部分更让人叹为观止。

周恩来作为一国总理，平时外出开会或到基层视察工作，喝茶、吃饭、洗衣都是自己付钱。每次因私事用车或是去看望党内外朋友，都是自己付汽油费，若司机偶尔忘了记账，还会受到严厉的批评。在外事往来中，凡是以他个人名义而不是以国家总理名义给外宾送的礼品，按规定可以由公家出钱，但周恩来总是坚持自己付钱。

周恩来每餐一荤一素，吃剩的饭菜，要留到下餐再吃，他说："这比人民群众吃得好多了！"三年困难时期，他带头不吃猪肉、鸡蛋，不吃稻米饭。

工作人员看他太辛苦，夜餐时给他加了两个菜，他坚决拒绝，并对服务员说："现在我们国家经济很困难，贫下中农能吃上这个吗？工人能吃上这个吗？你们的爸爸妈妈能吃上这个吗？"

为了调查研究，他亲自同老百姓一起乘坐公共汽车。

到工厂、机关视察时，他到大食堂同大家一起排队买饭，别人让他到前面他也不去。

看演出时，他怕打搅观众总是悄悄地入场，或在普通席里找个空位无声无息地坐下。

同朋友到普通的小饭馆吃饭，他如数付费，事后如果发现少收他的钱了，就让人去补交。

他住的地方是一座清朝留下的老式旧平房，睡的是普通木板床，柱子的油漆大面积脱落，几次给他修房均遭拒绝。有人建议把他住处墙外的14路汽车站挪开，他不同意，直到现在，14路汽车站还设在那里。

他的衣服修了又修，补了又补。他出国从来不要置装费，总是自费做衣服。

他夜间乘车通过长安街时，想到行人横穿街道时不安全，立即建议在路中央设置安全岛。

雨后，他嘱咐司机小心行驶，不要把街道的积水溅到行人身上。

他亲自过问"王铁人"的病情，要求医生经常向他汇报治疗情况。

1966年3月，邢台地震时，他亲自到现场视察灾情，一天没吃饭，一刻未休息。

他每天工作十三四小时，从不午睡。

在最难熬的那段时光，他忙里忙外顾不上吃饭，服务员只好在茶杯里调一点面糊。

他患癌症后仍然忘我地工作，从1975年3至9月间，他还和各方面人士谈话、谈工作102次，会见外宾34次。

1975年3月一次大手术后，身体十分虚弱的周恩来把医生叫到床前，问："云南锡矿工人肺癌发病情况，你知道不知道？"并交代："你们要去解决这个问题，马上就去。"直到他去世的前一天，还关照身边的医生说："我这里没什么事了，你还是去照顾别的生病的同志吧，那里更需要你。"

在周恩来弥留之际，叶剑英取来一叠白纸，对病房值班人员说，总理一生顾全大局，严守机密，肚子里装着很多东西，死前肯定有话要说，你们要随时记下。但总理去世后，值班人员交到叶帅手里的仍然是一叠白纸。

周恩来一生没有任何额外收入。他从来不要稿费，他去世后，《周恩来选集》出版，出版社给了3万元，这3万元稿费被他的家人送给了延安老区人民。

他为人民的利益殚精竭虑，最难过的事，就是看到人民群众还未摆脱贫困。

周恩来是中国历史上第一个提出死后不留骨灰的人。逝世前，他交代说："把我的骨灰撒到江河大地去做肥料，这也是为人民服务。活着为人民服务，死后也要为人民服务。"他说："灰入大地，可以肥田。"

周恩来去世时，联合国曾为他降半旗。自1945年联合国成立以来，世界上有许多国家的元首先后去世，联合国还没有为谁降过半旗。当时很多国家感到不公平，他们的外交官聚集在联合国大门前的广场上，言辞激愤地向联合国总部发出质问："我们的国家元首去世，联合国的大旗升得那么高，中国的总理去世，为什么要为他下半旗呢？"

当时的联合国秘书长瓦尔德海姆站出来，在联合国大厦门前的台阶上发表了一次极短的演讲，总共不过一分钟。他说："为了悼念周恩来，联合国下半旗，这是我决定的，原因有二：一是，中国是一个文明古国，她的金银财宝多得不计其数，她使用的人民币多得我们数不过来。可是她的周总理没有一分钱存款！二是，中国有10亿人口，占世界人口的1/4，可是她的周总理没有一个孩子。你们任何国家的元首，如果能做到其中一条，在他逝世之日，总部将照样为他降半旗。"

李小龙：享受极限不独孤

1969年1月，李小龙在与李俊九谈论了自己的志向与发展前景后，有感而发，在一张8英寸宽、10英寸长的便笺上，用英文写下自己的发展目标：

"我，布鲁斯·李，将会成为全美国最高薪金的超级巨星。作为回报，我将奉献出最激动人心、最具震撼性的演出。从1970年开始，我将会赢得世界性声誉；到1980年，我将会拥有一千万美元的财富，那时候我及家人将过上愉快、和谐、幸福的生活。"

这时正是李小龙一生中最艰难的时期之一，他的生活正穷困潦倒。这段话不是说给全世界的宣言，而是说给自己。

有人曾说："李小龙渴望让自己成为一个伟大的神话。"是的，李小龙在同年寄给李俊九的一封信中，将自己曾经作的一首诗抄录其中，这首诗的名字叫《我是谁？》，从这首诗中可以看出李小龙是怎样看待自己的。

"我是谁？这是一个老问题。每个人都会这样问自己，反反复复，在此时或彼刻。尽管他向镜中端详，可以认出自己的脸庞。尽管他知道自己的姓名，自己的年龄与生平。但他仍深深地渴望了解，我是谁？我是人群中的巨人，俯视苍生的豪杰，还是封闭自感的庸碌之辈？我是功成名就，信心十足的绅士，一呼百应的天生领袖，还是在陌生人前小心翼翼，动辄心惊的弱者？在强装的笑颜后面，是一颗瑟瑟发抖的心，如同在漆黑森林里迷路的小小少年？"

可见，在人生的道路上，李小龙和我们一样曾经对自己的身份和角色感到困惑。有梦想的人在梦想实现以前都是痛苦的。

当1970年来临的时候，就是李小龙给自己定下的"我将会赢得世界性声誉"的那一年，拥有真功夫的李小龙并没得到好莱坞青睐，因为他是黄种人。更倒霉的是李小龙一部影片尚未投拍，就由于练功过度，扭伤了腰部，被医生告知"余生将在床上打发"。他卧床期间写作了著名的武学著作《截拳道》。野兽一般顽强的生命力拯救了他，六个月之后，他伤愈复原。随即，李小龙返港，接受嘉禾公司邀请的时候，李小龙把香港功夫电影通看一遍之后，开始感慨："人人都是千篇一律地打来打去，一见面就打，无缘无故就打；为打而打，不打就不成戏。既不真实，又太过火！打法毫无新意，主角也好，配角也好；正角也好，反角也好；男角也好，女角也好；南派也好，北派也好……统统是一个打法！"

三个月后，《唐山大兄》上映，不到三周便打破了中国香港以往电影票房的纪录，总票房竟高达350万港币。距"目标"里的日期稍稍晚了一点。

随后，1972年6月13日，《精武门》在中国香港首映。影片刚上映就刷新了《唐山大兄》的票房纪录，总票房高达443万港元。1973年，《猛龙过江》便创下了530万港元的票房纪录。第四部《龙争虎斗》也成为该年度的中国香港票房亚军。

只有区区4部半电影，却开启了一个时代和传奇，英国百货公司曾举办过一个投票活动，选出了电影史上最伟大的十大功夫电影，李小龙主演的《猛龙过江》、《精武门》和《龙争虎斗》全部入选。

李小龙在电影里征服观众的方式不仅仅是打出凌厉的拳风、刚劲的动作，更不仅仅是他"嗷嗷"的怪叫，出神入化的双节棍，更让人兴奋的是电影里与他对打的都是现实中真正的武术高手。

《精武门》里的俄国大力士罗伯特·贝克，是李小龙的徒弟，跟李小龙学武七年；《猛龙过江》里在古罗马竞技场与李小龙决战的罗礼士，是世界著名空手道巨星，曾四次入选"黑带群英殿"；《龙争虎斗》里的黑人小伙子吉姆，是1971年国际中量级空手道冠军；脸上有疤的罗伯特·沃尔，是1970年美国职业空手道冠军；《死亡游戏》里与李小龙对战的是韩国合气道大师池汉载、菲律宾棍魔伊诺山度、NBA巨星贾巴尔等。

这已经远远超出了以往功夫片的高度。一个身高一米七三从小体弱多病的人怎么会成长到这种地步，而且还是扁平足和高度近视？

在李小龙的电影里我们可以看到，每当李小龙和别人交手，双方在激斗中受到重创的时候，对方眼里的杀气往往被李小龙打散，而李小龙眼里的杀气会因受到重创而会聚，在这背后是比身体的强悍更为强大的精神力量。截拳道与其他的功夫流派的最大区别，除了实用性与修炼原则外，还有一项要素是任何功夫流派无法与之相提并论的，那就是截拳道拥有深厚的文化背景，它不是一种单一的运动技巧或修炼模式。

当年李小龙创出截拳道后，积极向他人请教，甚至不惜打出"愿意在任何时间、任何地点，接受任何人挑战"的挑衅牌子。明知会失败，还要这么做，而且对能打败自己的对手还心存感激。

鲍勃·沃尔帕说："你把你最好的技术给李小龙演示过，一周之后，他就会做得比你还好！"

他在《截拳道之道》里写道："欲真正了解截拳道，一个人必须能舍弃一切形式与派别；甚至也尤需抛却何者是何者不是所谓的截拳道之念头。截拳道是无任何形式的，也可以是任何形式的，因其是无派别的，亦可适于任何派别。截拳道能运用各门各法，不为任何限制所限，它善用一切技巧，而一切手段均为其所用。抛弃尽陈腐老不灵的技巧，方可至整注与自由灵活的运用。抛弃思想教条之偏限，让思想不为思想所左右，不为外物所诱。"

他在《猛龙过江》中也解释过他对功夫的理解："无所谓门派的，只要能够无限制去运用自己的身体，使得在剧烈的动作上能够从心所欲，一心一意尽忠表达自己。"

李小龙首先发现克敌制胜的最佳方式是不受任何功夫规则的限制。他发现任何一种功夫的规则都是可以抛开的，于是就有了那句："用最简单的方法达到最有效的目的。"

李小龙是幸运的，他可以将自己的一切展示在世人面前，有那么多爱他敬重他的朋友，有那么多爱他崇拜他的影迷，他把个人的极限融入世界的理解之中，他不是黑暗的天空上无人问津的小星星。

李小龙是大众的榜样，但他对于后来人更大的意义不在于我们可不可以模仿他，而在于通过他我们拓宽了进步的思路，从来没有被他的思想绑住的压力。他是一个引路人，不是一个布道者。

在《截拳道之道》里他诚恳地说："我现在要提醒各位一句：截拳道只是一个代表名称，并不是什么派别。打个比喻说，截拳道等于是'一只指向月球的手指'，但是你千万不要以为手指就是月球，更不要过于注视那根手指而忽略了太空上的美景。那根手指的作用，只是引指'光明'。至于你将来能够获得多少'太空知识'？那就全靠你自己努力去领悟了。"

有的人说李小龙太自我，这一点一直为后人所诟病，没有人能解释他为什么一直保持着这种强势的性格。

罗礼士是这样说的："李小龙是个很'自我'的人，他很看重自己，常常向人夸耀自己的长处，很多人不喜欢他的作风。但对我来说，我完全不介意，因为我明白这是他的个性。不论我的想法对不对，总之，我觉得他是个强人，是个值得自负的人，也是世界上武功最好的人！这就是我个人的看法。"

曾国藩：乱象中的明强之道

道光十八年，曾国藩殿试被点中进士，名列三甲，但是按照那时的科举制度，三甲进士很少能进入翰林院。曾国藩为此感到深深的羞愧。此后通过自身的努力，他终于跻身于翰林之列。很多人到了这个位置，就不会在书本上下太多的工夫了，只需钻钻门路，做做诗赋日课，便可坐等散馆授官了。曾国藩来自农村，秉性淳朴，毫无钻营取巧的习气，在京城待了十多年，每天勤读史书，慢慢地倒培养出一股"以澄清天下为己任"的志气来。

为此，他将原来的名字"子城"改为"国藩"，意思是"为国藩篱"。他相信自己终有一天，会像云中展翅翱翔的孤凤一样，不鸣则已，一鸣引来九州的震动；如同生长在深山中的巨树一样，有朝一日成为国家大厦的栋梁。

然君子立志，志在何方？曾国藩苦苦思索，最后的结论是"有民胞物与之量，有内圣外王之业"。意思是要有为大众谋求幸福的胸襟，在内精通学养，对外振兴国家，以此壮志开创伟业。他还十分自信地表示："言大儒生终醒醒，万一雉卵变蛟龙。"

曾国藩在用功的过程中深深地知道，要实现"匡时救世"的远大抱负，要达到一个有高度的人生目标，就必须具有为之奋斗献身的强大的精神世界。因为，人生的道路是极其艰难困苦、坎坷不平的，尤其是处于内忧外患各种情况纷繁复杂的中国近代社会，要扭转国家的命运，实现天下大治，困难是可想而知的。这需要一个人牺牲太多的东西。越是总结历史经验，就越是得出这样的认识。古往今来的圣贤豪杰，之所以能完成救世的宏愿，都是力排万难，独任艰巨困苦之事才达其目的的。

如果缺乏坚忍不拔的奋斗牺牲精神，即使具有伟大的救世抱负，到头来对国家、社会乃至个人和家庭都不会起到好的效果，只是空洒热血而已，终究成不了一代圣贤，人生的意义也就大打折扣，甚至站不住脚了。

曾国藩提倡自强、倔犟，这都是大丈夫立世治人所必不可缺的。跟别人不同的是，曾国藩在此基础上又提出了"明强"的概念。"明强"的意思，就是既要自强，又不能盲目自强；既要超过别人，又要看清条件和场合，在强大的过程中避开所有危险因素。

一个人越强大危险也越多。才识超群就要表现，机敏过人就要耍心眼，能力突出就要力图施展，这是人之常情，一般人不会觉得有什么不对。然而，无视环境和场合，或者对自己不能有一个清醒的认识，却往往会事与愿违，出乎意料，甚至还会招来各种灾祸。

所谓"明"有两种：不仅看得到近前的东西，也可以看到极远的东西，这叫高明；不仅看得到大的东西，也看得到精细的东西，这叫精明。

所以要担当大事，就要在"明强"两个字上下工夫。

曾国藩一再强调"强"自"明"出。在自胜处求强，在自修处求强，这样才能使人坚挺地挺进。

自胜处求强，就是要克服自己种种的毛病，强迫自己向强者迈进。曰强制，曰强恕，曰强好，皆自胜之意。早上起不来，就强制自己在天没亮的时候起身，不想起也得起。轻浮浪荡不庄重，就强制自己参与祭祀仪式；不愿意吃苦，就强制自己与士兵同吃同住，勤动着点，不要困倦颓废。这都叫"强制"；当控制不住情绪发怒的时候，要强制自己不要发怒，并强制自己宽恕别人，这叫"强恕"；对有用的东西如果没有兴趣，就要强制自己去喜欢它，这叫"强好"。能够战胜自己，做到这些就是强。一次两次挺过来，可能第三次就挺不过去了，这时还要强制自己坚决地持之以恒，这就是毅力。慢慢地你就会感到自己越变越强，而做不到这一点的人，只会带着一身毛病凭着手中的权力以气势压人，这种德行就是"刚愎"。强毅与刚愎二者表面相似，其实有天壤之别，不可不察，不可不谨。

成大事的人都是身体力行的人，通过踏踏实实办事创造了成功人生。

曾国藩最不喜欢经常发牢骚、怨天尤人的做法，提出"天下事在局外呐喊议论总是无益，必须躬身入局，才能有改变的希望"。

既然想把事做成，那就要充满自信。不管遇到什么艰难困苦，都要挺直腰杆，绝不低头。曾国藩的做人之道就是如此。如果一个人一辈子都挺不直身子，就一定无所作为。人活在世上就是要争这口气。许多人都是因缺乏志气才一事无成的。"倔犟之心"、"抗逆之气"是男儿气概，是真本色。曾国藩常说："以志率人，必成大事。"

一个"强"字，多少人渴望过，又有多少人失望过。

对于曾国藩来说，为了不至于最后落个失望的结局，他就必须要明强。所以，他总是在心里给自己制订长远而明确的计划，并且想尽一切办法把制订好的计划实现，再投入下一个计划中去，直至成就一生的目标。

人生如战场，挑战自己，击败对手是成功的主题之一。你需要看得清狂风暴雨，更需要百折不挠，这是斗智斗力的强大。还有一种强大是将仁义与谦虚集于一身的强大。

在功名越来越大、地位越来越高的时候，形势也在悄悄地发生变化，"明强"就是要看到这种情况，清醒地摆正自己的位置，该低调就低调，不要到了顶点还要更高，谦虚才是智慧中的智慧。要表现出"渐老于事，锋芒钝矣"，这种变化的原因其实是在更加深邃的谦德世界里，你看到了更加强大的自己。正所谓知"自己全无本领"，正见得自己"本领甚大"。

这就是气度。做到"明"，做到"强"，气度大小就直接关系到事业的成败，大度者能容纳天下事，能让自己的情绪平静下来，无处不可安身。曾国藩善于把"气度"和"明强"结合起来，去讲求做人之道，这是真正的境界。

会不会做人，直接关系到一个人能成就多大的事业。在今天这个竞争日益激烈，无暇洁身自省的时代，谈论做人的艺术，好像是有点故作姿态，但人跟人的区别恰恰就在这里。

卡耐基：积极走出困境

人们都想获得成功，成功的人生是令人神往的人生。但比成功更难的问题是，你如何面对成功路上的痛苦和烦恼？戴尔·卡耐基利用大量普通人不断努力取得成功的故事，通过演讲和书唤起无数陷入迷惘者的斗志，激励他们取得辉煌的成功。他被誉为20世纪人类最伟大的心灵导师。作为现代成人教育之父，他一生致力于人性问题的研究，运用心理学和社会学知识，对人类面临的各种困惑进行了探索和分析。著名的《时代周刊》甚至这样写道："或许，除了自由女神，戴尔·卡耐基就是美国的象征。"

卡耐基的一生是奋斗的一生，他的生平本身就是一部成功的教科书。

卡耐基的少年时期，母亲对他的影响非常大。他的母亲是个虔诚的教徒，她坚持让戴尔去接受正规教育，希望儿子长大后能成为牧师或学校的教师。高中毕业后，戴尔进入密苏里州一所州立师范学院，他的奖学金足以支付当时的学费，而且他靠自己打工来挣取其他费用，他的目标是取得学位并在自己的故乡任教。

但是戴尔最后并没有当成学校的教师。他听说一位高中同学从事函授教育课程的推销工作，每星期可以赚取20元美元，于是从学校毕业后，戴尔立刻到外地的资讯公司当推销员，公司除了补助他房租及伙食费，还依照契约给予一定数目的薪水。

戴尔负责推销的地区散布在这几个非常小的乡镇，镇上的居民对他推销的函授教育课程不感兴趣，戴尔的推销工作困难重重。尽管他很努力，但最后的结果却令人非常不满意。无奈之下，戴尔进入一家国际食品公司当推销员。

在这期间，他阅读了大量有关推销法的书籍，销售业绩一路上升，终于成为公司最好的推销员。但是他却放弃了这份工作，带着积蓄想到波士顿去当一名演员。

当他从达克达州搭车准备前往波士顿时，遇到了一位名叫拉歇尔的著名牧师。这个人曾经教过戏剧，也从事过演出工作。这位牧师告诉戴尔，如果想要接受演戏的基础训练，就要到纽约去，因为纽约才是演艺界的中心，那儿有美国的戏剧学校，有志从事演艺工作的人都要到那儿接受训练。于是戴尔决定奔向纽约。

到达纽约后，经过一个小小的面试，戴尔就被允许入学了。后来他只在一次巡回剧团的演出中担任一个小角色。就这样，他对自己的演艺生涯又开始感到灰心。

后来戴尔进入一家汽车公司卖车，因为他对引擎和机械全然不知，而且也不想去理解，不久之后，他再次对工作感到厌烦。

当时戴尔23岁，他对自己说："戴尔啊！人生就是这样吗？这就是你学生时代梦想的人生吗？当年你发誓将来要立志成功的伟大计划都忘了吗？你不是决心要念很多书，要为自己找念书的时间吗？但是你现在又在做些什么？你每天只是在为生活头痛，轻视自己的所作所为。好了！现在是人生该转变的时候了，赚钱是其次，我要真正为人生而活！"

就这样，戴尔决定每天花时间写书，而且在他的书未卖出之前，到夜间学校去教书。

但是通过跟几所大学的接洽，他一次又一次地被拒绝。戴尔决定先找规模最小的第125街分会，他认为这么小的地方比较有机会。但是会长对戴尔提出的课程不太满意，因为以前开过的类似课程都没有成功。不过，会长仍然招待戴尔到自己举办的社交晚会上，请戴尔作即兴演说。

戴尔选了两首有名的诗，凭着以前所掌握的各种技巧，他的演讲吸引了在场所有的人，会长也对他刮目相看，于是决定让戴尔授课。卡耐基从此开始了一生的教育事业，帮助别人以及自己探讨生命中的各种冲突。

卡耐基从一开始就不是一帆风顺的，也许正是他经历过太多的挫折，才使他产生了研究这些挫折的欲望。成功可以把一个人捧上天，各种本性却可能处处与成功发生矛盾；成功的渴望推着一个人向前，归属感却又是一个问题；无休止的精力和雄心激励着人又折磨着人……

他为找到这些问题的答案而奋斗终生。他从一个贫穷小子成长为引人注目的百万富翁，由一个拘谨而自卑的少年成长为永远面露微笑的公众人物，从一个曾经几乎被各种各样莫名其妙的忧虑缠绕的小伙子，最终成为给别人自信、让人们乐观的心理激励大师，这之间颠覆性的变化都是基于对成功颠覆性的认识。

卡耐基敬仰伟人，不是只崇拜他们身上的光环，而是从对他们的理解中发现他们的可贵之处、超人之处。当卡耐基自己在生活中碰到各种各样的困难和问题时，这些伟人们的处理方式就会给他提供榜样，促使他奋发向上，不断前进。所以他研究了大量非凡成功者的生平和事迹，做了大量的总结，并认为这些精华应该被用在每个人身上，让那些普通的奋斗大众也能够把成功视为可见之物。

在这世界上，什么能够让一个人心甘情愿去做一件事情？难道只能用强迫自己的方式才能取得成功吗？用枪指着自己就是克服自己的惰性吗？用鞭打或臭骂自己就能给自己激励吗？

这些方法都可能产生不了很好的作用，普通人为什么总是那么容易否定自己，而不是肯定自己？人真正需要的东西都被无情地拒绝了。比如身体的健康、合理的饮食、充足的睡眠、健全的智慧、自重的感觉等。

人能自我肯定、视自己为一个有价值的人，并能够因为了解自己而达到目标，生活就变成了挑战，工作就不再枯燥，家庭的关系也变得温暖、有意义。

如果一个人认为自己是一个失败的人，结果肯定会失败；如果一个人认为自己一无是处，最后就会真的一无是处；如果一个人认为自己是落伍的，他的行为必然会像个落伍的人；如果一个人认为自己是成功的奴隶，那他就会像一个奴隶一样去表现自己。

一个人应该相信自己能够成功，能够通过实现自我来获得成功，要能感到自己正在进步，并且会愈来愈好。

卡耐基是积极的、善于鼓舞人的，他也深切地了解个别差异的存在，每个人上他的课都要让他们更有效地运用他所具有的任何能力和天赋才能达到自己的目标，而不是把他们引向别人的路。

发现"自己"所带来的快乐和力量，常常可以改变一个人的生活、思想和行为方式，人的本身并没有改变，只是比以前更加能够运用他自己的禀赋，了解自己的发展和动机而已。卡耐基知道他没有办法把别人心里所没有的资质给他们，但是可以使他们认识他们自己的资质，并且鼓励他们去运用这些资质，帮他们寻找生活的新途径，度过更丰富的人生。

他从不用那些高深的术语来激励自己和别人，而是直截了当地提出容易了解的原则，因为他觉得一个人谈论他所熟悉的事物，会觉得自由自在，而且会有自信心。

除此之外，卡耐基还通过大量研究，总结出了许多人类共同的心理特点，让人们更好地认识与人相处的障碍，以及缩短自己和各种成功人士之间的距离，让人们通过这种对比更加积极有效地认识自己。

卡耐基留给我们的不仅仅是几本书和一所学校，其真正的价值是，他把个人成功的技巧传授给了每一个想出人头地的人。

图书在版编目（CIP）数据

成功相 ／ 瑾瑜编著 . — 昆明 ：云南人民出版社，
2012.6

ISBN 978-7-222-09521-2

Ⅰ. ①成… Ⅱ. ①瑾… Ⅲ. ①命相—中国—通俗读物
Ⅳ. ① B992.3-49

中国版本图书馆 CIP 数据核字 (2012) 第 139659 号

责任编辑：陈朝华　左　旋
责任校对：武　坤
装帧设计：嫁衣公舍
责任印制：施立青

书　名	成功相
编　著	瑾　瑜
出　版	云南出版集团公司　云南人民出版社
发　行	云南人民出版社
社　址	昆明市环城西路609号
邮　编	650034
网　址	www.ynpph.km.yn.cn
E-mail	rmszbs@public.km.yn.cn
开　本	787×1092　1/16
印　张	14.5
字　数	198千
版　次	2012年9月第1版第1次印刷
印　刷	三河市兴达印务有限公司
书　号	ISBN 978-7-222-09521-2
定　价	29.80元

尊敬的读者：若您购买的我社图书存在印装质量问题，请与我社发行部联系调换。
发行部电话：（0871）4194864　4191604　4107628（邮购）